Introducción
al budismo

Otros libros en español de
Gueshe Kelsang Gyatso

Caminos y planos tántricos
Cómo solucionar nuestros problemas humanos
Compasión universal
Comprensión de la mente
Corazón de la sabiduría
El camino gozoso de buena fortuna
El voto del Bodhisatva
Esencia del vajrayana
Gema del corazón
Guía del Paraíso de las Dakinis
Mahamudra del tantra
Nuevo manual de meditación
Ocho pasos hacia la felicidad
Tesoro de contemplación
Transforma tu vida
Una vida con significado, una muerte gozosa

Guía de las obras del Bodhisatva
de Shantideva, traducido del tibetano al inglés por
Neil Elliot bajo la guía de Gueshe Kelsang Gyatso

Editorial Tharpa es una de las editoriales más importantes sobre budismo que existen en México y su colección de libros constituye la presentación más completa del camino budista hacia la iluminación disponible en una lengua occidental. En ella se pueden encontrar desde introducciones básicas al budismo y a la meditación hasta lúcidas y detalladas exposiciones sobre la filosofía budista y las prácticas tántricas. www.tharpa.com/mx/

GUESHE KELSANG GYATSO

Introducción al budismo

UNA PRESENTACIÓN
DEL MODO DE VIDA BUDISTA

EDITORIAL THARPA MÉXICO
México, D.F.

Título original:
Introduction to Buddhism
Editado por primera vez en 1992 por:

Tharpa Publications
Conishead Priory
Ulverston
Cumbria LA12 9QQ
Inglaterra

Tharpa Publications
47 Sweeney Rd.
Glen Spey
NY 12737
Estados Unidos

Tharpa tiene oficinas en varios países del mundo.
Para más detalles, véase la página 161.

Los libros de Tharpa se publican en numerosas lenguas.
Para más detalles, véase la página 161.

© 1992 Geshe Kelsang Gyatso and New Kadampa Tradition –
International Kadampa Buddhist Union

Edición renovada 1993, reimpresa 1995, 1996, 1997, 1998, 1999
Segunda edición 2001, reimpresa 2002, 2004, 2006

Edita:
Editorial Tharpa México
Enrique Rébsamen No. 406
Col. Narvarte Poniente
México, D.F.
C.P. 03020
Tel: +52(55)56396180
Email: info.mx@tharpa.com
Sitio web: www.tharpa.com/mx/

1a Edición Octubre 15, 2013

© 2000, 2008 Gueshe Kelsang Gyatso y New Kadampa Tradition –
International Kadampa Buddhist Union

© Traducción 2000, 2008 Gueshe Kelsang Gyatso y New Kadampa
Tradition – International Kadampa Buddhist Union
Traducción: Mariana Líbano Torróntegui

Edición renovada

Diseño de la cubierta: Tharpa Publications,
adaptado a la edición española por Javier Calduch
Composición gráfica del texto: Javier Calduch

ISBN 978-84-936169-6-0 (IB)
Depósito legal: MA -1775-2008
Impreso en México/Printed in Mexico
Imprenta: Litográfica Ingramex, S.A. de C.V.
México, D. F.

Índice General

Ilustraciones

Budismo kadampa

El budismo *kadampa* es la unión de todas las enseñanzas de Buda integradas en el *Lamrim*, texto de instrucciones y prácticas especiales compuesto por el gran maestro budista Atisha en el que se presentan las etapas completas del camino hacia la iluminación.

La práctica de esta clase de budismo, caracterizada por su sencillez, profundidad y gran pureza espiritual, constituye un método muy eficaz para solucionar los problemas humanos y es aplicable a todos los aspectos de la vida en la sociedad actual.

NTK -UIBK

Nota de la traductora

Deseo señalar que a lo largo del texto los nombres propios en tibetano se han escrito según un sistema fonético básico. Debido a que en la lengua tibetana hay muchos sonidos que no existen en español, la introducción de estos fonemas es ineludible. Por ejemplo, en tibetano hay una consonante que se pronuncia *ya* y otra *yha*, como la *j* inglesa. Así, en Manyhushri, Yhe Tsongkhapa, etcétera, la *yha* ha de pronunciarse como la *j* inglesa.

Para representar los términos sánscritos se ha seguido un sistema simple de transliteración, porque evoca la pureza de la lengua original de la que proceden. Así, se ha escrito *Dharma* y no Darma, *Sangha* y no Sanga, etcétera. No obstante, se ha optado por castellanizar algunos términos y sus derivados, como Buda, budismo, Budeidad, etcétera, por estar más asimilados a nuestra lengua. *Tantra* y *Sutra* con mayúscula se refieren a los textos de Buda Shakyamuni en los que se muestran estos senderos, y con minúscula, a los caminos espirituales propiamente dichos. La Real Academia Española ha incorporado en su *Diccionario de la Real Academia Española* las palabras *karma*, *mandala*, *mantra*, *nirvana*, *samsara* y *tantra*.

Las palabras extranjeras se han escrito en cursiva solo la primera vez que aparecen en el texto.

El verbo *realizar* se utiliza en ocasiones con el significado de 'comprender', dándole así una nueva acepción como término budista.

Deseo expresar mi más sincera gratitud a Javier Calduch por su ayuda indispensable. Con paciencia ha revisado la redacción y, sin lugar a dudas, la ha enriquecido con numerosas y apropiadas sugerencias. También ha trabajado con gran precisión y esfuerzo en la confección del índice alfabético, en la composición gráfica del texto y en la adaptación a la edición española del diseño de la cubierta. Gracias a su dedicación, la colección en español de los libros de Gueshe Kelsang saldrá a la luz sin demoras.

Gracias también a Tania Sanz, directora de Editorial Tharpa, que trabaja con profesionalidad y dedicación para difundir estos preciosos libros en los países hispanohablantes.

¡Que todos los seres reciban las bendiciones del Dharma!

PRIMERA PARTE

Budismo básico

Buda Shakyamuni

¿Quién fue Buda?

Por lo general, *Buda* significa 'Ser Despierto', el ser que ha despertado del sueño de la ignorancia y percibe las cosas tal y como son. Un Buda es una persona que se ha liberado de todas las faltas y obstrucciones mentales. Muchos seres se convirtieron en Budas en el pasado y muchos otros lo harán en el futuro.

El Buda que fundó la religión budista actual se llama *Buda Shakyamuni*. *Shakya* es el nombre de la familia real en la que nació y *muni* significa 'Ser Apto'. Buda Shakyamuni nació en el año 624 a. de C. en Lumbini, lugar que en aquel tiempo pertenecía a la India y que hoy forma parte del Nepal. Su madre fue la reina Mayadevi, y su padre, el rey Shudhodana.

Una noche, la reina Mayadevi soñó que un elefante blanco descendía del cielo y entraba en su seno, señal de que acababa de concebir a un ser muy especial. El hecho de que el elefante descendiera del cielo significaba que el niño provenía de Tushita, la tierra pura de Buda Maitreya. Meses más tarde, cuando la reina dio a luz, en lugar de sentir dolor, tuvo una maravillosa experiencia en la que se agarraba a la rama de un árbol con la mano derecha y los dioses Brahma e Indra recogían al niño, que nacía de su costado. Los dioses procedieron a venerar al infante y a ofrecerle abluciones.

Cuando el rey vio al niño, se llenó de alegría y sintió como si todos sus deseos se hubieran cumplido. Le puso el nombre de *Sidharta* y pidió a un brahmín que predijera el futuro del príncipe. El adivino examinó al infante con sus poderes de clarividencia y dijo: «Este niño será un rey *cha-*

kravatin (monarca que gobierna el mundo entero) o un ser iluminado, hay señales que así lo indican. Puesto que la era de los reyes chakravatines ha pasado, se convertirá en un Buda y su beneficiosa influencia, al igual que los rayos del sol, iluminará mil millones de mundos».

De niño, el príncipe logró un gran dominio de las artes y ciencias tradicionales sin necesidad de recibir instrucciones. Conocía sesenta y cuatro lenguas distintas, con sus correspondientes alfabetos, y también era diestro en las matemáticas. En cierta ocasión, reveló a su padre que podía contar todos los átomos del mundo en lo que se tarda en dar un solo respiro. Aunque no necesitaba estudiar, lo hizo para complacer a su padre y beneficiar a los demás. Por ello, acudió a una escuela donde, además de estudiar las materias académicas, se adiestró en deportes como las artes marciales y el tiro al arco. El príncipe aprovechaba cualquier oportunidad para revelar el significado del Dharma y alentaba a sus compañeros a seguir el sendero espiritual. En cierta ocasión, mientras participaba en una competición de tiro al arco, dijo: «Con el arco de la concentración meditativa disparo la flecha de la sabiduría y elimino al tigre de la ignorancia de los seres sintientes». Entonces, su flecha atravesó cinco tigres de hierro y siete árboles, y después se hundió en la tierra. Al presenciar semejantes demostraciones, miles de personas generaron una intensa fe en el príncipe.

De vez en cuando, el príncipe Sidharta viajaba a la capital del reino para observar cómo vivían sus súbditos. Durante estas visitas vio ancianos, enfermos y, en cierta ocasión, un cadáver. Estos encuentros dejaron una profunda huella en su mente y le hicieron comprender que todos los seres sintientes, sin excepción, están sometidos a los sufrimientos del nacimiento, las enfermedades, la vejez y la muerte. Puesto que conocía las leyes de la reencarnación, sabía que no padecemos estos sufrimientos solo una vez, sino incontables veces, vida tras vida, sin cesar. Al contemplar cómo todos los seres están atrapados en este círculo vicioso de sufrimiento, sintió una profunda compasión por ellos y generó un sincero deseo de liberarlos de su dolor. Puesto que sabía que solo un Buda, un ser completamente iluminado, posee la sabiduría y el poder necesarios para ayudar a todos los seres, decidió retirarse a un bosque para practicar la meditación en soledad y alcanzar el estado de la Budeidad.

Cuando los habitantes del reino de Shakya supieron que el príncipe quería abandonar el palacio, suplicaron al rey que acordara un matrimonio para su hijo con el fin de que olvidara sus planes. El rey aceptó y, en poco tiempo, encontró una joven doncella llamada Yasodhara, hija de una respetada familia Shakya. El príncipe Sidharta carecía de apego a los placeres mundanos porque sabía que los objetos de deseo son como flores venenosas: aunque son atractivas, pueden producir inmenso dolor. Su resolución de abandonar el palacio y alcanzar la iluminación seguía inalterable; sin embargo, para satisfacer los deseos de su padre y beneficiar a los Shakya durante cierto tiempo, aceptó contraer matrimonio con Yasodhara. Entonces, permaneció en el palacio, como corresponde a un príncipe, y dedicó todo su tiempo y energía a servir a su pueblo lo mejor que pudo.

Al cumplir veintinueve años, el príncipe tuvo una visión en la que todos los Budas de las diez direcciones aparecieron ante él y le dijeron al unísono: «En el pasado te comprometiste a alcanzar el estado victorioso de un Buda para poder ayudar a todos los seres que se encuentran atrapados en el ciclo del sufrimiento. Ahora ha llegado el momento de que cumplas tu promesa». El príncipe fue a hablar con sus padres de inmediato y les dijo: «Quiero retirarme a un lugar apacible en el bosque donde pueda dedicarme a la concentración meditativa y alcanzar con rapidez la iluminación total. Cuando lo consiga, podré beneficiar a todos los seres y devolverles su bondad, en especial, la que vosotros me habéis mostrado. Por lo tanto, os suplico que me concedáis permiso para dejar el palacio». Al oír estas palabras, sus padres se sorprendieron, y el rey se negó a complacerlo. El príncipe Sidharta contestó al rey: «Padre, si puedes liberarme de manera permanente de los sufrimientos del nacimiento, las enfermedades, la vejez y la muerte, me quedaré a vivir en el palacio; en caso contrario, he de marcharme y dar sentido a mi vida».

El rey intentó por todos los medios convencer a su hijo de que no abandonara el palacio. Con la esperanza de que cambiara de opinión, le rodeó de un séquito de encantadoras doncellas, bailarinas, cantantes y músicos que lo entretenían día y noche. Además, para evitar que se escapase en secreto, rodeó el palacio de guardianes. A pesar de estas distracciones, Sidharta seguía decidido a marcharse para practicar la meditación. Una noche, con sus poderes sobrenaturales, sumergió en un profundo sueño a los guardianes y sirvientes, y se escapó con la ayuda de un fiel amigo. Después de recorrer unos diez kilómetros, el príncipe desmontó de su caballo y se despidió de su ayudante. Luego, se cortó el cabello y lo lanzó hacia el cielo, donde lo recogieron unos dioses de la Tierra de los Treinta y Tres Cielos. Uno de ellos le ofreció los hábitos azafranados de un mendicante religioso. El príncipe los aceptó y, a cambio, le entregó sus vestimentas reales. De este modo, él mismo se ordenó monje.

Sidharta continuó su viaje hasta llegar a un lugar cerca de Bodh Gaya, en la India, que encontró apropiado para el recogimiento. Se estableció allí y empezó a practicar la meditación llamada *concentración, semejante al espacio, del Dharmakaya*, con la cual se enfocó de manera convergente en la naturaleza última de todos los fenómenos. Después de adiestrarse en esta práctica durante seis años, comprendió que estaba a punto de alcanzar la iluminación. Entonces, caminó hasta Bodh Gaya, y allí, el día de luna llena del cuarto mes del calendario lunar, se sentó en la postura de meditación bajo el Árbol Bodhi e hizo la promesa de no abandonar su meditación hasta no alcanzar la iluminación perfecta. Con esta resolución, entró de nuevo en la concentración, semejante al espacio, del Dharmakaya.

Al anochecer, el mara Devaputra, jefe de los *maras* o demonios de este mundo, intentó interrumpir su concentración con el conjuro de pavorosas apariciones. Manifestó huestes de terribles espíritus demoníacos: unos le disparaban lanzas y flechas, otros le arrojaban bolas de fuego, piedras, rocas y hasta montañas enteras. Sin embargo, Sidharta permaneció imperturbable. Gracias al poder de su concentración, los fuegos ardientes se transformaron en ofrendas de luces de arcoíris, y las armas, rocas y montañas, en una refrescante lluvia de flores.

Al comprobar que no podía distraer a Sidharta de su meditación, el mara Devaputra intentó hacerlo manifestando innumerables bellas doncellas, pero con ello solo logró que entrara en un estado de concentración aún más profundo. De este modo, venció a los demonios de este mundo y, por ello, más tarde recibió el nombre de *Buda Victorioso*.

Sidharta continuó meditando hasta el amanecer, cuando alcanzó la concentración semejante al vajra. Con esta concentración, que es la última mente de un ser con limitaciones, eliminó de su mente los velos más sutiles de la ignorancia y, al momento siguiente, se convirtió en un Buda, un ser totalmente iluminado o despierto.

No hay nada que Buda no conozca. Debido a que despertó del sueño de la ignorancia y eliminó todas las obstrucciones de su mente, conoce todo lo que existe en el pasado, presente y futuro de manera directa y simultánea. Además, Buda posee una compasión imparcial que abarca a todos los seres sintientes. Los beneficia sin excepción, manifestando emanaciones por todo el universo y bendiciendo sus mentes. Gracias a sus bendiciones, todas las criaturas, hasta el más ignorante de los animales, pueden generar estados mentales apacibles y virtuosos en alguna ocasión. Tarde o temprano, todos los seres encontrarán una emanación de Buda bajo el aspecto de un Guía Espiritual y tendrán la oportunidad de entrar en los senderos que los conducirán hacia la liberación y la iluminación. Nagaryhuna, el gran erudito indio, afirmó que no existe ni un solo ser que no haya recibido ayuda de Buda.

Cuarenta y nueve días después de que Buda alcanzara la iluminación, los dioses Brahma e Indra le rogaron que impartiera enseñanzas con la siguiente súplica:

«¡Oh, Buda, Tesoro de Compasión!,
los seres sintientes andan perdidos y están en
    constante peligro de caer en los reinos inferiores.
En este mundo, tú eres el único protector.
Por ello, te imploramos que surjas de tu absorción
    meditativa y gires la rueda del Dharma».

En respuesta a su súplica, Buda surgió de su meditación estabilizada y giró por primera vez la rueda del Dharma. Estas enseñanzas, que incluyen el *Sutra de las cuatro nobles verdades* y otros discursos, constituyen la fuente principal del budismo hinayana o vehículo menor. Más tarde, Buda giró por segunda y tercera vez la rueda del Dharma, y enseñó los *Sutras de la perfección de la sabiduría* y el *Sutra que discierne la intención*, respectivamente. Estas instrucciones son la fuente del budismo mahayana o gran vehículo. En las enseñanzas hinayanas, Buda nos muestra cómo lograr la liberación propia del sufrimiento, y en las mahayanas, cómo alcanzar la iluminación total o Budeidad por el beneficio de todos los seres. Ambas tradiciones florecieron en Asia, al principio en la India y más tarde en otros países, incluyendo el Tíbet. Hoy día, empiezan a florecer en Occidente.

Las enseñanzas de Buda reciben el nombre de *rueda del Dharma* por la siguiente razón. Se dice que en tiempos remotos existían grandes reyes, llamados *reyes chakravatines*, que gobernaban el mundo entero. Tenían posesiones muy especiales, entre las que destacaba una rueda preciosa con la que podían viajar por todo el mundo. El rey o la reina dominaba cualquier región a la que viajara con la rueda. Se dice que las enseñanzas de Buda son como esta rueda preciosa porque allí donde se difunden, los seres que las ponen en práctica tienen la oportunidad de controlar sus mentes. *Dharma* significa 'protección'. Con la práctica de las enseñanzas de Buda nos protegemos del sufrimiento. Todos nuestros problemas diarios se originan en la ignorancia, pero esta se elimina con la práctica de Dharma.

El adiestramiento en el Dharma es el método supremo para mejorar nuestra calidad de vida. Esta no solo depende del progreso material, sino también de que cultivemos paz y felicidad en nuestro interior. Por ejemplo, en el pasado numerosos budistas vivían en países pobres y, a pesar de ello, disfrutaban de felicidad pura y duradera porque practicaban las enseñanzas de Buda.

Si integramos las instrucciones de Buda en nuestra vida diaria, podemos resolver nuestros problemas internos y disfrutar de verdadera serenidad. Sin paz interior, la paz externa es imposible. Si establecemos primero la paz en nuestro interior por medio del adiestramiento en el camino espiritual, la paz externa se impondrá de forma natural; pero si no lo hacemos así, nunca habrá paz en el mundo por muchas campañas que se organicen en su favor.

El budismo o *Budadharma* son las enseñanzas de Buda y las experiencias o realizaciones que se adquieren al ponerlas en práctica. Buda impartió ochenta y cuatro mil enseñanzas. Todas ellas, junto con sus respectivas realizaciones, constituyen lo que denominamos *budismo*. Hay dos clases de budismo: básico y avanzado. Las enseñanzas esenciales del budismo básico se exponen en el resto de la primera parte de este libro, y las más avanzadas, en las partes segunda y tercera.

*Buda Subyugador Completo
con la Esencia del Vajra*

*Buda Gema de
Luz Radiante*

*Buda Poderoso
Rey de los Nagas*

Comprensión de la mente

Buda enseñó que todo depende de la mente. Para comprender lo que esto significa hemos de conocer la naturaleza y las funciones de la mente. A simple vista puede parecernos fácil, porque todos tenemos mente y podemos reconocer nuestros estados mentales: sabemos cómo nos encontramos, si nos sentimos felices o desdichados, si tenemos las ideas claras o estamos confundidos, etcétera. No obstante, si alguien nos preguntara cómo funciona la mente y cuál es su naturaleza, lo más probable es que no supiéramos dar una respuesta apropiada, lo que indica que, en realidad, no sabemos lo que es.

Hay quienes piensan que la mente es el cerebro o alguna otra parte o función del cuerpo, pero esto es incorrecto. El cerebro es un objeto físico que se puede ver, fotografiar y someter a una operación quirúrgica. En cambio, la mente no es un objeto material y no se puede ver, fotografiar ni operar. Por lo tanto, el cerebro no es la mente, sino una parte más del cuerpo.

No hay nada en nuestro cuerpo que pueda identificarse con nuestra mente porque son entidades diferentes. Por ejemplo, aunque nuestro cuerpo esté quieto y tranquilo, nuestra mente puede estar ocupada con diversos pensamientos, lo que indica que nuestro cuerpo y nuestra mente no son una misma entidad. En las escrituras budistas se compara al cuerpo con un hostal, y a la mente, con un huésped. En el momento de la muerte, la mente abandona el cuerpo y viaja a la vida siguiente, al igual que el huésped deja el hostal y se traslada a otro lugar.

Si la mente no es el cerebro ni ninguna otra parte del cuerpo, entonces, ¿qué es? Es un continuo inmaterial cuya función es percibir y comprender objetos. Debido a que la mente no es un fenómeno físico y carece de forma, los objetos materiales no pueden obstruirla. Para que nuestro cuerpo llegue a la luna tiene que viajar en una nave espacial, mientras que la mente puede desplazarse a ese lugar en un instante solo con el pensamiento. El conocimiento y la percepción de los objetos es función exclusiva de la mente. Aunque decimos «Yo sé esto o aquello», en realidad, es nuestra mente la que aprehende los objetos. Conocemos los fenómenos con la mente.

Hay tres clases de mente: burda, sutil y muy sutil. Las mentes burdas son las consciencias sensoriales, como la visual y la auditiva, y todas las perturbaciones mentales intensas, como el odio, los celos, el apego y la ignorancia del aferramiento propio. Estas mentes burdas están relacionadas con los aires internos burdos y pueden reconocerse con relativa facilidad. Cuando nos dormimos o al morir, las mentes burdas se disuelven en nuestro interior y se manifiestan las sutiles. Estas últimas están relacionadas con los aires internos sutiles y son más difíciles de reconocer que las burdas. Durante el sueño profundo y al final del proceso de la muerte, los aires internos se disuelven en el centro de la rueda de canales o *chakra* del corazón, dentro del canal central, y entonces se manifiesta la mente muy sutil, la mente de luz clara. La mente muy sutil está relacionada con el aire interno muy sutil y es muy difícil de reconocer. El continuo de la mente muy sutil no tiene principio ni fin. Esta es la consciencia que viaja de vida en vida y que, si purificamos por completo mediante la meditación, se convertirá en la mente omnisciente de un Buda.

Es importante que aprendamos a identificar los estados mentales que son apacibles y los que no lo son. Los que perturban nuestra paz interior, como el odio, los celos y el apego, se denominan *perturbaciones mentales* o *engaños*, y son la causa principal de todo nuestro sufrimiento. Quizá pensemos que los culpables de nuestros problemas son los demás, la falta de recursos materiales o la sociedad en que vivimos, pero, en realidad, son nuestros propios estados alterados de la mente. La esencia de la práctica de Dharma, y el objetivo principal del adiestramiento en la meditación, es reducir y finalmente erradicar por completo todos nuestros engaños, y sustituirlos por estados mentales apacibles y virtuosos.

Por lo general, buscamos la felicidad en el mundo exterior. Intentamos mejorar nuestras condiciones materiales y posición social, encontrar un trabajo mejor remunerado, etcétera, pero aunque lo logremos, seguiremos teniendo numerosos problemas y no nos sentimos satisfechos. De esta forma, nunca disfrutamos de una paz auténtica y duradera. En sus enseñanzas, Buda nos recomienda que no busquemos la felicidad en el exterior, sino en nosotros mismos. ¿Cómo podemos encontrar la verdadera felicidad? Purificando y controlando nuestra mente por medio de la práctica sincera del Budadharma. Si nos adiestramos de este modo, sin lugar a dudas alcanzaremos un estado de paz mental duradero y seremos felices sin depender de las circunstancias externas.

Aunque nos esforzamos por encontrar la felicidad, nunca lo conseguimos y continuamos padeciendo sufrimientos sin cesar. ¿Por qué nos ocurre esto? Porque la causa de la felicidad, que se halla en nuestra mente, la virtud, es muy débil y para que dé sus frutos hemos de poner mucho esfuerzo; sin embargo, las causas internas de los problemas, los engaños, son muy poderosas y producen sus efectos aunque no lo deseemos. Esta es la verdadera razón por la que tenemos problemas sin cesar y no logramos ser felices.

De lo dicho podemos deducir que la causa principal tanto de la felicidad como del sufrimiento se halla en nuestra mente y no en el mundo exterior. Si podemos mantener una mente serena y apacible en todo momento, nunca tendremos dificultades. Si permanecemos en este estado, aunque nos insulten, critiquen o culpen de manera injusta, perdamos el trabajo o nos abandonen nuestros amigos, no lo viviremos dominados por los engaños. Por muy difíciles que sean las condiciones externas, si mantenemos una mente serena y apacible, no nos causarán ansiedad. Por lo tanto, para solucionar nuestros problemas solo tenemos que aprender a mantener un estado mental apacible por medio de la práctica pura y sincera del Dharma.

Las vidas pasadas y futuras

Si comprendemos cuál es la naturaleza de la mente, aceptaremos la existencia de vidas pasadas y futuras. Numerosas personas piensan que cuando el cuerpo deja de realizar sus funciones después de la muerte, el continuo de la mente cesa y esta deja de existir, al igual que una vela se apaga tras consumirse la cera de la que está hecha. Otros creen incluso que si se suicidasen, acabarían con sus problemas y sufrimientos, pero ambas ideas son incorrectas. Como ya se mencionó, nuestro cuerpo y nuestra mente son entidades distintas y, por lo tanto, aunque el cuerpo se desintegre después de la muerte, el continuo mental permanece intacto. La mente no cesa, sino que se separa del cuerpo y viaja a la vida siguiente. En el caso de los seres ordinarios, en lugar de liberarnos de nuestras penas, la muerte solo nos trae nuevos sufrimientos. Debido a que no comprenden esto, numerosas personas, incapaces de soportar más sufrimiento, se suicidan.

En sus enseñanzas tántricas, Buda enseñó una práctica especial llamada *transferencia de consciencia a otro cuerpo*. Esta práctica se hizo muy popular en el Tíbet cuando el budismo llegó a este país. Uno de los practicantes que la dominó a la perfección fue Tarma Dode, el hijo del famoso traductor y maestro budista tibetano Marpa. Un día, montando a caballo, tuvo un accidente y quedó gravemente herido. Su padre, sabiendo que Tarma Dode dominaba la práctica de la transferencia de consciencia, comenzó a buscar un cadáver apropiado donde pudiera transferir su mente. Como no pudo encontrar el cadáver de un ser humano, reco-

Buda Guía de los Héroes

Buda Placer Glorioso   *Buda Gema de Fuego*

gió el de una paloma para que sirviera de morada temporal a la mente de su hijo. Tarma Dode expulsó la consciencia de su cuerpo moribundo y entró en el de la paloma. A continuación, el cuerpo de Tarma Dode quedó sin vida y el de la paloma revivió. Aunque el cuerpo de Tarma Dode era el de una paloma, su mente seguía siendo la de un ser humano.

Puesto que no quería que su hijo permaneciera en el cuerpo de una paloma, Marpa siguió buscando un cadáver humano. Gracias a su poder de clarividencia, vio que un maestro budista acababa de morir en la India y que sus discípulos habían llevado su cuerpo al cementerio. Marpa le dijo a su hijo que partiera de inmediato hacia ese lugar. Tarma Dode voló a la India en su cuerpo de paloma y cuando encontró el lugar donde habían depositado el cadáver, expulsó su mente del cuerpo de la paloma y entró en el del maestro. El cuerpo de la paloma pereció de inmediato y el del maestro volvió a la vida. Tarma Dode vivió el resto de su vida como el maestro indio Tibu Sangnak Dongpo. Años más tarde, Milarepa, el discípulo principal de Marpa, envió a la India a su discípulo Rechungpa para que recibiera enseñanzas especiales de Tibu Sangnak Dongpo. Cuando Rechungpa regresó al Tíbet, se las transmitió a Milarepa.

Existen numerosos relatos de meditadores del pasado que transfirieron su consciencia a otro cuerpo. Se dice que el mismo Marpa realizó esta práctica en cuatro ocasiones. Si el cuerpo y la mente fuesen una misma entidad, ¿cómo sería posible que estos meditadores transfirieran su consciencia de esta forma? Si escuchamos estos relatos con una actitud receptiva, comprenderemos que la consciencia continúa aunque el cuerpo perezca, y aceptaremos con facilidad la existencia de vidas pasadas y futuras.

Otro modo de demostrar la existencia de vidas pasadas y futuras es analizando el proceso de dormir, soñar y despertar, por su semejanza al de la muerte, el estado intermedio y el renacimiento. Cuando nos dormimos, nuestros aires internos burdos se reúnen y disuelven en nuestro interior y nuestra mente se vuelve cada vez más sutil, hasta que se manifiesta la mente muy sutil de la luz clara del dormir. Cuando esto sucede, experimentamos el sueño profundo y, externamente, parece como si estuviéramos muertos. Después, nuestra mente se va haciendo otra vez más burda y pasamos por los diferentes niveles del estado del sueño. Finalmente, al recuperar la memoria y el control mental, nos despertamos. En ese momento, nuestro mundo onírico desaparece y percibimos de nuevo el mundo del estado de vigilia.

Cuando nos morimos, ocurre un proceso similar. Al morir, los aires internos se disuelven en nuestro interior y nuestra mente se vuelve cada vez más sutil, hasta que se manifiesta la mente muy sutil de la luz clara de la muerte. La experiencia de la luz clara de la muerte es parecida a la del sueño profundo. Cuando la luz clara de la muerte cesa, experimentamos las etapas del estado intermedio o *bardo* en tibetano, que es como un estado onírico que ocurre entre la muerte y el renacimiento. Pasados unos días o unas semanas, el estado intermedio cesa y, entonces, renacemos. Al despertar de un sueño, el mundo onírico desaparece y percibimos el mundo del estado de vigilia. Del mismo modo, cuando renacemos, las apariencias del estado intermedio cesan y percibimos el mundo de nuestra nueva vida.

La diferencia principal entre el proceso de dormir, soñar y despertar, y el de la muerte, el estado intermedio y el renacimiento, consiste en que cuando la luz clara del sueño cesa, se mantiene la conexión entre la mente y el cuerpo, mientras que cuando la luz clara de la muerte cesa, la conexión se rompe. Esta es otra prueba de la existencia de vidas pasadas y futuras.

Por lo general, pensamos que los objetos que aparecen en los sueños no son reales, mientras que los que percibimos cuando estamos despiertos sí lo son; pero Buda dijo que todos los fenómenos son como sueños porque no son más que meras apariencias en la mente. Para aquellos que saben interpretarlos de manera correcta, los sueños pueden revelar ciertos significados. Si, por ejemplo, soñamos que visitamos un país en el que nunca hemos estado, puede indicar lo siguiente: que estuvimos en ese lugar en alguna vida pasada, que lo visitaremos más adelante en esta vida o en una futura, o que hemos tenido alguna relación con él recientemente, como haberlo visto en la televisión, haber recibido una carta procedente de allí, etcétera. De igual modo, si soñamos que volamos, puede significar que en alguna vida pasada fuimos un ser que podía volar, como un pájaro o un meditador con poderes sobrenaturales, o tal vez sea una predicción de que lo seremos en el futuro. Soñar que volamos también puede tener un significado menos directo y simbolizar, simplemente, una mejoría de nuestra salud física o mental.

Con la ayuda de mis sueños pude descubrir dónde había renacido mi madre. Unos minutos antes de morir, mi madre se quedó dormida y, al despertar, le dijo a mi hermana, que en aquellos momentos le atendía, que había soñado conmigo y que en el sueño yo le ofrecía un pañuelo blanco tradicional, que en tibetano llamamos *khatag*. Para mí, este sueño predecía que yo iba a ayudar a mi madre en su siguiente vida. Después de su muerte, recé todos los días para que renaciera en Inglaterra, donde yo vivo, y poder así tener la oportunidad de volverme a encontrar con ella y reconocer su reencarnación. Cada día rogué con devoción a mi *Dharmapala* (Buda protector del Dharma) que me mostrase señales claras de dónde había renacido mi madre.

Poco después tuve tres sueños muy significativos. En el primero, soñé que encontraba a mi madre en un lugar que parecía ser Inglaterra. Le pregunté cómo había viajado desde la India hasta allí y me contestó que no venía de la India, sino de Suiza. En el segundo sueño, vi a mi madre hablando con un grupo de personas, me acerqué a ella y, aunque le hablé en tibetano, no me entendió. En vida, mi madre solo hablaba el tibetano, pero en el sueño hablaba inglés perfectamente. Le pregunté si había olvidado el tibetano, pero no me respondió. Luego, en ese mismo sueño vi a una pareja de occidentales que ayudan a establecer centros de Dharma en Gran Bretaña.

Los dos sueños parecían indicar el lugar donde mi madre había renacido. Dos días después del segundo sueño, el marido de la pareja con la que había soñado vino a verme para anunciarme que su mujer estaba embarazada. En ese momento, recordé el sueño y pensé que su hijo podría ser la reencarnación de mi madre. El hecho de que en el sueño mi madre hubiese olvidado el tibetano y hablase solo en inglés sugería que iba a renacer en un país en el que se hablase este idioma, y la presencia de esta pareja en el sueño podía indicar que ellos iban a ser sus padres. Entonces, decidí hacer una adivinación tradicional, que en tibetano llamamos *mo*, y el resultado reveló, sin lugar a dudas, que este bebé era la reencarnación de mi madre. Aun así, decidí mantenerlo en secreto.

Cierta noche volví a soñar con mi madre repetidas veces. A la mañana siguiente, pensé sobre ello y tomé una determinación: «Si el bebé ha nacido esta misma noche, no hay duda de que se trata de la reencarnación de mi madre, pero en caso contrario seguiré investigando». Después, llamé por teléfono al marido, que me dio la buena noticia de que su mujer había dado a luz esa misma noche a una preciosa niña. La noticia me llenó de alegría y, en señal de agradecimiento a mi Dharmapala, hice una *puyha* (ceremonia) de ofrendas.

Unos días después, el padre me telefoneó y me dijo que cuando el bebé lloraba, si le recitaba el mantra de Buda Chenrezsig, OM MANI PEME HUM, dejaba de hacerlo y lo escuchaba con atención. Me preguntó por qué lo hacía, y le contesté que era debido a las impresiones de su vida pasada, pues mi madre tenía mucha fe en este mantra y solía recitarlo a diario.

La niña recibió el nombre de Amaravajra. Más tarde, cuando Kuten Lama, el hermano de mi madre, vino a Inglaterra por primera vez, se quedó asombrado de lo cariñosa que era con él y dijo tener la impresión de que lo reconocía. Yo también tuve la misma sensación. Aunque no visito a Amaravajra muy a menudo, cuando lo hago, se alegra mucho de verme.

Un día, cuando Amaravajra empezaba a hablar, al ver un perro dijo señalándolo con el dedo: «Kyi, kyi», y cada vez que veía un perro solía llamarlo así. Su padre me preguntó por su significado y le contesté que en el dialecto del oeste del Tíbet, donde mi madre vivía, *kyi* significa 'perro'. Además de esta palabra, también emitió otras en tibetano.

Más tarde supe, a través de mi cuñado, que después de la muerte de mi madre, un astrólogo había predicho que nacería como una mujer en un país de lengua diferente a la tibetana. Este suceso que acabo de relatar forma parte de mi propia experiencia, pero podemos encontrar otros casos auténticos de personas que han reconocido la reencarnación de sus maestros, padres, amigos y otros seres. Si contemplamos estos relatos y reflexionamos sobre la naturaleza de la mente y las experiencias oníricas, nos resultará más fácil aceptar la existencia de vidas pasadas y futuras.

Buda Gema de Luz Lunar

Buda Tesoro de Contemplación   *Buda Gema Lunar*

¿Qué es el karma?

Para entender las leyes que gobiernan el proceso del renacimiento, hemos de saber lo que es el karma. Karma es una palabra sánscrita que significa 'acción'. Todas las acciones intencionadas, ya sean físicas, verbales o mentales, son karma. Cuando los budistas tienen algún problema, suelen decir: «Es mi karma», y lo aceptan con paciencia. En realidad, el sufrimiento que experimentamos no es el karma en sí, sino el resultado del karma que hemos acumulado con anterioridad en esta vida o en las pasadas.

Todas las acciones físicas y verbales dependen de acciones mentales porque son precedidas por la intención de realizarlas. Si no tuviéramos la intención de realizar una acción, no la llevaríamos a la práctica. La intención mental o determinación de efectuar una acción es una acción mental o karma mental. El karma físico es una actividad del cuerpo y el verbal lo es de la palabra, pero ambos están iniciados por una acción mental. Por lo tanto, el karma mental es más importante que el físico o el verbal.

El que una acción sea virtuosa, neutra o perjudicial depende de la intención que la motive. Las acciones virtuosas provienen de intenciones virtuosas, las neutras, de neutras, y las perjudiciales, de perjudiciales. Las acciones virtuosas son la causa principal para obtener un renacimiento en los reinos superiores y disfrutar de felicidad en el futuro, y las malas acciones lo son para renacer en los reinos inferiores y padecer sufrimientos. Los Budas, basándose en su conocimiento perfecto, enseñan la relación dependiente que existe entre las acciones y sus efectos, es decir, que las acciones perjudiciales producen sufrimiento, y las virtuosas, felicidad. Es importante creer en la ley del karma porque de ello depende nuestra felicidad futura.

Las acciones que efectuamos imprimen huellas en nuestra mente muy sutil que, con el tiempo, producen sus correspondientes resultados. Nuestra mente es comparable a un campo de siembra, y las acciones que cometemos, a las semillas que en él se plantan. Las acciones virtuosas son las semillas de nuestra felicidad futura, y las perjudiciales, las de nuestro sufrimiento. Estas semillas permanecen ocultas en nuestra mente hasta que producen su efecto, cuando se reúnen las condiciones necesarias para su germinación. Además, desde que se realiza la acción original hasta que maduran sus consecuencias, pueden transcurrir varias vidas.

Las semillas que brotan en el momento de nuestra muerte ejercen una gran influencia en nuestro futuro porque determinan el tipo de renacimiento que vamos a tener. El que madure un tipo u otro de semillas durante la muerte depende del estado mental en que nos encontremos en ese momento. Si morimos tranquilos, germinarán las semillas virtuosas y, en consecuencia, renaceremos en un reino afortunado; pero si morimos con una mente alterada, por ejemplo, con resentimiento y amargura, se activarán las semillas destructivas y renaceremos en un reino desafortunado. Esto es parecido a cuando nos dormimos con una mente agitada e intranquila y tenemos pesadillas y malos sueños.

En el samsara hay seis reinos donde podemos renacer: tres inferiores y tres superiores. Los tres reinos inferiores son: el animal, el de los espíritus ávidos y el de los infiernos; y los tres reinos superiores son: el humano, el de los semidioses y el de los dioses. Para una presentación detallada de los mismos, véase el libro *Nuevo manual de meditación*.

Las obras virtuosas o buen karma son la causa principal para renacer en los reinos superiores de los humanos y de los dioses, y también de la felicidad y buena fortuna en general. Por lo tanto, si tenemos suerte en la vida, disfrutamos de buena salud, de una situación económica holgada, de buenas relaciones con los demás y tenemos éxito en nuestras actividades, indica que nuestro buen karma del pasado está madurando. De igual modo, el progreso en nuestro adiestramiento espiritual y las realizaciones de Dharma que alcanzamos son también el resultado de nuestro karma virtuoso. En cambio, todo el sufrimiento que padecemos a lo largo de nuestra vida, como enfermedades, pobreza, peleas, accidentes, daños provocados por otros seres humanos o no humanos y demás infortunios, es el resultado de las malas acciones que cometimos en el pasado. Si no podemos satisfacer nuestros deseos y tenemos que enfrentarnos con situaciones adversas, o si fracasamos en nuestro intento por encontrar buenos amigos o, tras haberlos encontrado, nos vemos obligados a separarnos de ellos, es porque estamos experimentando el resultado de las acciones perjudiciales que cometimos en el pasado. Incluso las pequeñas molestias, como los problemas cotidianos o la insatisfacción que a menudo subyace en nuestro interior, son también el resultado del karma perjudicial que acumulamos en vidas pasadas.

De lo dicho podemos deducir que para no experimentar sufrimientos ni renacer en los reinos inferiores, debemos dejar de crear karma destructivo y purificar el que hayamos acumulado. En particular, hay diez acciones perjudiciales que hemos de abandonar: tres físicas, cuatro verbales y tres mentales. Las tres acciones físicas perjudiciales son: matar, robar y llevar una conducta sexual incorrecta; las cuatro acciones verbales son: mentir, causar desunión con la palabra, pronunciar palabras ofensivas y chismorrear; y las tres acciones mentales perjudiciales son: la codicia, la malicia y sostener teorías erróneas. Estas acciones se describen con detalle en *El camino gozoso de buena fortuna*.

El mejor modo de dejar de cometer acciones perjudiciales es ser considerado con los demás. Puesto que todos los seres, incluso los animales e insectos, desean ser felices y no padecer sufrimientos, hemos de procurar no hacerles daño. Matar un pequeño insecto es una acción perjudicial porque le produce un gran sufrimiento. Tal vez vayamos a pescar a menudo, pero si pensamos en los peces que matamos, nos daremos cuenta de que es un deporte cruel. Debemos ser compasivos no solo con las personas, sino también con los animales, y hemos de tener cuidado de no causar sufrimiento a ningún ser.

Todas las acciones perjudiciales producen tres tipos de efecto: de maduración, similar a su causa y circunstancial. El efecto de maduración de una acción perjudicial consiste en renacer en uno de los tres reinos inferiores. El efecto de maduración de las acciones perjudiciales de mayor gravedad es renacer en los infiernos, el de las menos graves es hacerlo en el reino de los espíritus ávidos, y el de las pequeñas acciones indebidas, en el reino animal.

Hay dos clases de efectos similares a su causa: tendencias similares a su causa y experiencias similares a su causa. Estos dos efectos son resultados adicionales de una acción perjudicial y se experimentan al completarse el efecto de maduración, al renacer de nuevo en uno de los seis reinos.

La tendencia similar a su causa consiste en sentir una fuerte inclinación por repetir el mismo tipo de acciones perjudiciales. Debido a este efecto, nos resulta difícil dejar de cometer acciones perjudiciales y, por ello, seguimos creando causas para renacer en los reinos inferiores. La tendencia similar a la acción de matar consiste en sentir inclinación por matar. Por ejemplo, hay personas que en cuanto ven una araña la aplastan, y niños que experimentan placer atormentando a los animales. Estas tendencias son el resultado de las acciones perjudiciales que cometieron en el pasado. De igual modo, una tendencia similar a llevar una conducta sexual incorrecta es sentirse atraído por los cónyuges de otras parejas.

A continuación se describen los efectos que son experiencias similares a las diez acciones perjudiciales. Una de las experiencias similares a la acción de matar es tener una vida breve y llena de enfermedades y dolencias. Al matar a otro ser acortamos su vida y, por lo tanto, creamos la causa para tener una vida corta y padecer de mala salud. Si en esta vida tenemos este tipo de dificultades, son el resultado de las acciones perjudiciales que cometimos en el pasado. Las experiencias similares a la acción de robar son carecer de bienes materiales y posesiones y, cuando los conseguimos, perderlos enseguida, que nos los roben, o prestarlos y que no nos los devuelvan. Las experiencias similares a llevar una conducta sexual incorrecta son tener que separarnos de nuestros familiares y amigos, sentirnos solos y ser abandonados por nuestra pareja o, si tenemos un negocio, por los empleados. A menudo nos encontramos con personas que, pese a ser de edad avanzada y poco atractivas, están siempre rodeadas de amigos y tienen un compañero fiel, mientras que otras, jóvenes y esbeltas, no encuentran el cónyuge que desean ni disfrutan de amistades duraderas.

La experiencia similar a mentir es que nadie confía en nosotros ni escucha nuestros consejos; la experiencia similar a causar desunión con la palabra es que nos resulta difícil mantener relaciones armoniosas; y la experiencia similar a pronunciar palabras ofensivas es que los demás nos dicen cosas desagradables o hablan mal de nosotros. Cuando estemos a punto de enfadarnos porque alguien nos hable de manera ofensiva, hemos de recordar que es el resultado de haber cometido esta misma acción en el pasado. La experiencia similar a chismorrear es que nadie toma en serio lo que decimos, nos tratan como si fuéramos estúpidos y nadie presta atención a nuestros comentarios y opiniones.

La experiencia similar a la codicia es que nuestros deseos no se cumplen; la experiencia similar a la malicia es sentir miedo en todo momento, sobre todo en situaciones peligrosas; y la experiencia similar a sostener teorías erróneas es estar confusos, tener dificultades para cultivar sabiduría y abrigar dudas al escuchar o leer el Dharma. Si nos resulta difícil eliminar las concepciones erróneas y alcanzar realizaciones espirituales es porque en el pasado sostuvimos teorías erróneas.

El tercer efecto de una acción perjudicial es el efecto circunstancial. Por lo general, esto significa que cuando, por ejemplo, renacemos como un ser humano, el medio ambiente y las condiciones que nos rodean son hostiles, peligrosos e incómodos. El efecto circunstancial de matar es que el lugar donde renacemos es pobre y los alimentos y demás necesidades básicas escasean; el efecto circunstancial de robar es que en el lugar donde renacemos no existe vegetación y es árido e inadecuado para el cultivo; y el efecto circunstancial de llevar una conducta sexual incorrecta es vivir en un sitio sucio donde abundan las enfermedades.

El efecto circunstancial de mentir consiste en que los demás nos engañan y no podemos confiar en nadie; el efecto circunstancial de causar desunión con la palabra es vivir en un lugar accidentado y montañoso donde no hay medios de transporte y tenemos que acarrear cargas pesadas. Puesto que al causar desunión con la palabra deterioramos las relaciones entre los demás, el lugar donde vivimos es inhóspito y está mal comunicado. El efecto circunstancial de pronunciar palabras ofensivas es vivir en un lugar frondoso, cubierto de matas y arbustos que nos rasgan la piel al desplazarnos; y el efecto circunstancial de chismorrear consiste en habitar en un país donde las semillas no germinan bien o en el momento apropiado y se echan a perder.

El efecto circunstancial de la codicia es vivir en un sitio donde los recursos materiales se agotan con facilidad, o donde perdemos con rapidez nuestra vitalidad y belleza; el efecto circunstancial de la malicia es renacer en un lugar donde hay continuas peleas o que es arrasado por guerras y enfermedades; y el efecto circunstancial de sostener teorías erróneas es renacer en un lugar donde no hay agua y los recursos básicos se acaban con rapidez, y donde no se puede encontrar objetos de valor, como obras de arte, tesoros, escrituras sagradas o Guías Espirituales.

En las escrituras budistas se dice que aquel que conoce estos efectos y continúa cometiendo acciones perjudiciales es como el que tiene buena vista pero camina directo hacia un precipicio. Debemos dejar de cometer estas acciones y purificar el karma impuro que hemos acumulado hasta ahora. Si no lo hacemos, tendremos que sufrir sus consecuencias en el futuro; pero si practicamos la purificación, podemos impedir que nuestro karma destructivo produzca sus efectos. Motivado por su gran compasión, Buda enseñó numerosos métodos para purificar el karma perjudicial. Uno de los más eficaces es la práctica asociada con el *Sutra mahayana de los tres cúmulos superiores*, que se encuentra en el apéndice 2 del presente libro. Para una descripción detallada de esta práctica, véase *El voto del Bodhisatva*.

La preciosa existencia humana

Como ya se ha mencionado, podemos renacer en cualquiera de los seis reinos, según el tipo de karma que madure al morir. Esta vez hemos renacido como un ser humano y, por lo tanto, podemos disfrutar de los beneficios propios de esta existencia. Si los contemplamos, nos daremos cuenta de que nuestra vida es muy valiosa porque nos ofrece la gran oportunidad de practicar el Dharma. Comparada, por ejemplo, con la de un animal, la vida de un ser humano dispone de mejores condiciones, como buenos alimentos, vivienda y no correr el riesgo constante de ser atacado por otros animales; pero la mayor ventaja es tener la capacidad de desarrollar la mente y, por consiguiente, de liberarnos de nuestro sufrimiento y ayudar a los demás a hacer lo mismo.

El potencial de nuestra existencia humana es ilimitado, pero no podemos desarrollarlo sin antes apreciar su valor. Para ello, hemos de reflexionar una y otra vez sobre la oportunidad tan especial de que ahora disponemos. Si sentimos un profundo aprecio por nuestra preciosa existencia humana, tomaremos la firme determinación de utilizarla de manera provechosa. Entonces, nuestra vida se llenará de significado.

La mente tiene ochenta y cuatro mil engaños y todos ellos producen sufrimiento mental y malestar interior. Esta enfermedad de la mente no tiene principio y hasta que no eliminemos nuestras perturbaciones mentales, no tendrá fin. Si no superamos el apego, por ejemplo, permanecerá en nuestra mente como un deseo insaciable y nos producirá constante insatisfacción. De igual modo, las demás perturbaciones mentales, como el odio, los celos y el egoísmo, nos harán sufrir cada vez que se manifiesten.

Aunque hemos padecido estas enfermedades internas desde tiempo sin principio, ahora tenemos la oportunidad de eliminarlas. Buda impartió ochenta y cuatro mil instrucciones para curar estas enfermedades, y los humanos, a diferencia de otros seres, tenemos la oportunidad de recibirlas y de ponerlas en práctica. De esta forma, gracias a las enseñanzas de Buda, podemos utilizar nuestra vida para reducir nuestros engaños de manera gradual, junto con el sufrimiento y el dolor que causan, y finalmente erradicarlos por completo.

En general, hay tres maneras de hacer que madure nuestro potencial humano: utilizando nuestra existencia para obtener en el futuro renacimientos humanos dotados de las condiciones necesarias para ser felices y llenar nuestra vida de significado, para lograr la liberación completa del sufrimiento o para alcanzar la iluminación total o Budeidad por el beneficio de los demás.

Con la mente de un ser humano podemos comprender y aceptar la existencia de vidas pasadas y futuras. Esta comprensión nos ayudará a preocuparnos menos por los asuntos mundanos y a tener en cuenta el bienestar de nuestras vidas futuras. Llegaremos a la conclusión de que si deseamos obtener renacimientos afortunados, hemos de crear en esta misma vida las causas para ello.

¿Cómo podemos hacerlo? Para lograr un renacimiento humano en nuestra próxima vida, hemos de practicar ahora la moralidad; si deseamos un tener físico atractivo, debemos cultivar la paciencia; y para disfrutar de abundantes riquezas, hemos de ser generosos. Para que nuestros deseos se cumplan, debemos realizar obras virtuosas con alegría, y si nos adiestramos en la meditación, crearemos la causa para lograr una mente serena y apacible; si adquirimos sabiduría, eliminaremos la ignorancia y aprenderemos a resolver nuestros problemas internos. Protegiendo la vida de otros seres y ayudando a los enfermos, creamos la causa para disfrutar en el futuro de buena salud y larga vida. Para protegernos de renacer en los reinos inferiores y asegurarnos un renacimiento humano o en el reino de los dioses, hemos de hacer ofrendas, postraciones y ruegos a los Budas, Bodhisatvas y otros seres sagrados. En resumen, debemos utilizar esta vida humana para crear las causas que nos permitan disfrutar de buenas condiciones en el futuro.

Otros seres, como los animales, no tienen la oportunidad de llevar a cabo estas acciones virtuosas, por muy hábiles que sean realizando otras actividades. Por ejemplo, algunos animales saben encontrar alimentos con facilidad y atrapar a otros animales, y las aves tienen la capacidad de volar, pero ninguno de estos seres puede practicar la moralidad, ni siquiera generar el deseo de hacerlo. Todos los seres sintientes, incluso los insectos y los gusanos, cometen acciones perjudiciales, pero solo los humanos tienen la oportunidad de purificarlas. Si recitamos con fe los nombres de los treinta y cinco Budas de la confesión, como se indica en el *Sutra mahayana de los tres cúmulos superiores*, podemos purificar hasta el karma más destructivo.

Aunque renazcamos como un ser humano en nuestra próxima vida, seguiremos teniendo problemas. Todos los seres de los seis reinos han de padecer sufrimiento sin cesar. Están sometidos a las experiencias del nacimiento, las enfermedades, el envejecimiento, la muerte, el desengaño, la frustración, etcétera, una y otra vez, vida tras vida. Este ciclo sin control de muertes y renacimientos, caracterizado por el sufrimiento, se llama *samsara*. Los seres humanos podemos entender que estamos atrapados en el samsara, identificar cuáles son las causas que nos hacen renacer en esta prisión y cómo escaparnos de ella. Con esta comprensión podemos generar el deseo de escapar del samsara y alcanzar la liberación permanente del sufrimiento. Este deseo se denomina *renuncia*. Si con esta motivación practicamos la disciplina moral, la concentración y la sabiduría, como se describe en la segunda parte de este libro, eliminaremos todos nuestros engaños y alcanzaremos la liberación completa del samsara y de todas sus miserias.

Sin embargo, la liberación completa de las perturbaciones mentales y del sufrimiento no es la meta última que podemos lograr con esta vida humana. Si contemplamos las situaciones en que se encuentran otros seres, nos daremos cuenta de que también están atrapados en el samsara y experimentan terribles sufrimientos vida tras vida; entonces, si ponemos en práctica las enseñanzas mahayanas, sentiremos una gran compasión por todos estos desdichados seres. Al comprender que el único modo de liberarlos del sufrimiento es adquiriendo las cualidades y los poderes de un Buda, hemos de tomar la determinación sincera de alcanzar el estado de la Budeidad para beneficiar a todos los seres sintientes. Esta mente especial es la preciosa *bodhichita* o *mente de la iluminación*. En el momento en que generamos la mente de bodhichita nos convertimos en un Bodhisatva y adoptamos el modo de vida de este gran ser, que consiste en practicar las seis perfecciones –generosidad, disciplina moral, paciencia, esfuerzo, concentración y sabiduría–. Estas se presentan en la tercera parte de este libro. Si practicamos con sinceridad las seis perfecciones, finalmente alcanzaremos la iluminación total y nos convertiremos en un Buda Victorioso.

Deberíamos seguir el ejemplo del príncipe Sidharta, que dedicó su vida a practicar el Dharma para alcanzar la iluminación total. Si reconocemos el gran potencial de nuestra existencia humana, nos sentiremos muy afortunados y no la echaremos a perder en actividades sin sentido, sino que extraeremos su esencia adiestrándonos en el Dharma.

Buda Ser Inmaculado

Buda Otorgador de Gloria   *Buda Ser Puro*

¿Qué es la meditación?

El corazón de la práctica de Dharma es la meditación. El propósito de la meditación es pacificar y calmar la mente. Cuando nuestra mente está serena, dejamos de tener preocupaciones y problemas, y disfrutamos de verdadera felicidad. En cambio, si carecemos de paz mental, por muy agradables que sean las condiciones externas que nos rodean, no podemos ser felices. Si nos adiestramos en la meditación, iremos descubriendo en nuestro interior cada vez más paz, serenidad y felicidad pura. Finalmente, gozaremos en todo momento de felicidad, aunque tengamos que enfrentarnos con circunstancias adversas.

Por lo general, nos resulta difícil controlar nuestra mente. Es inestable y vulnerable a las circunstancias externas, como un globo a merced de los caprichos del viento. Si conseguimos nuestros objetivos nos ponemos contentos, pero en caso contrario nos enfadamos. Por ejemplo, si adquirimos un objeto que deseábamos o entablamos una nueva amistad, nos alegramos en exceso y nos aferramos a ellos con intensidad, pero como no es posible cumplir todos nuestros deseos y es inevitable que algún día habremos de separarnos de nuestras posesiones y amigos, este apego solo nos produce sufrimiento. Cuando no logramos lo que deseamos o perdemos algo que nos pertenece, nos enfadamos y desanimamos. Cuando tenemos que trabajar con una persona que nos resulta desagradable, nos ponemos de mal humor y nos ofendemos a la menor ocasión; como consecuencia, dejamos de ser eficaces en nuestro trabajo y de encontrar satisfacción en él, y padecemos estrés.

Sufrimos estos cambios en nuestro estado de ánimo porque nos involucramos demasiado en las situaciones externas. Somos como niños que se emocionan al construir un castillo de arena en la playa, pero se ponen a llorar cuando las olas lo destruyen. Por medio de la meditación, aprendemos a crear un espacio en nuestro interior y una flexibilidad y claridad mentales que nos permiten controlar nuestra mente sin que nos afecten los constantes cambios en las circunstancias externas. De manera gradual, adquirimos una estabilidad mental que nos permite estar siempre felices, en lugar de oscilar entre los extremos de la euforia y el desaliento.

Si practicamos la meditación con regularidad, finalmente lograremos eliminar las perturbaciones mentales, la causa de todos nuestros problemas y sufrimientos. De este modo, disfrutaremos de paz interna permanente, lo que se conoce como la liberación o *nirvana* en sánscrito. A partir de entonces, día y noche, vida tras vida, solo experimentaremos paz y felicidad.

La meditación es el método para familiarizar la mente con la virtud. Es una consciencia mental que analiza un objeto virtuoso o se concentra en él. El objeto virtuoso es aquel que apacigua nuestra mente cuando lo analizamos o nos concentramos en él. Si, como resultado de contemplar un objeto, generamos perturbaciones mentales, como odio o apego, significa que no es virtuoso. También hay objetos neutros que no producen en la mente efectos favorables ni desfavorables.

La meditación puede ser de dos tipos: analítica o de emplazamiento. Cuando contemplamos o estudiamos el significado de cualquier texto de Dharma que hayamos leído o escuchado, estamos realizando una meditación analítica. La contemplación profunda de esta enseñanza nos conducirá a una determinada conclusión o a generar una actitud mental virtuosa. Esta conclusión o actitud mental será el objeto de la meditación de emplazamiento. Cuando hayamos encontrado el objeto deseado por medio de la meditación analítica, debemos concentrarnos en él sin distracciones durante tanto tiempo como podamos para familiarizarnos con él. Esta concentración convergente es la meditación de emplazamiento. El término *meditación* suele utilizarse para hacer referencia a la meditación de emplazamiento, y *contemplación*, para mencionar la meditación analítica. La meditación de emplazamiento depende de la contemplación, y esta, de la escucha o lectura de las enseñanzas de Dharma.

La primera etapa de la meditación consiste en disipar las distracciones y lograr cierta claridad y lucidez mentales. Esto puede lograrse con un ejercicio sencillo de respiración. Primero elegimos un lugar tranquilo para meditar y nos sentamos en la postura tradicional, con las piernas cruzadas una sobre la otra, o en cualquier otra posición que nos resulte cómoda. Si lo preferimos, nos podemos sentar en una silla. Lo más importante es mantener la espalda recta para evitar caer en un estado de somnolencia.

Mantenemos los ojos entreabiertos y enfocamos nuestra atención en la respiración. Respiramos con naturalidad a través de los orificios nasales, sin pretender controlar este proceso, e intentamos ser conscientes de la sensación que produce el aire al entrar y salir por la nariz. Esta sensación es nuestro objeto de meditación. Nos concentramos en él e intentamos olvidar todo lo demás.

Al principio, descubriremos que nuestra mente está muy ocupada y es posible que pensemos que la meditación la agita todavía más, pero, en realidad, lo que ocurre es que comenzamos a darnos cuenta del estado mental en que nos encontramos normalmente. Además, tenderemos a seguir los diferentes pensamientos que vayan surgiendo, pero hemos de intentar evitarlo y concentrarnos en la sensación que se produce al respirar. Si descubrimos que nuestra mente se distrae con pensamientos e ideas, hemos de volver de inmediato a la respiración. Repetimos este ejercicio tantas veces como sea necesario hasta que la mente se concentre en la respiración.

Si practicamos de este modo con paciencia, nuestras distracciones irán disminuyendo y experimentaremos una sensación de serenidad y relajación. Nuestra mente se volverá lúcida y espaciosa, y nos sentiremos restablecidos. Cuando el mar está encrespado, el sedimento del fondo se agita y el agua se enturbia; pero cuando el viento cesa, el lodo se deposita en el fondo de manera gradual y el agua se vuelve transparente. Del mismo modo, cuando por medio de la concentración en la respiración logramos calmar el flujo incesante de las distracciones, nuestra mente se vuelve lúcida y clara. Entonces, intentamos permanecer en ese estado de calma mental durante un tiempo.

Aunque este ejercicio de respiración no es más que una etapa preliminar de la meditación, resulta muy eficaz. Esta práctica es una prueba de que podemos experimentar paz interior y satisfacción con solo controlar la mente, sin tener que depender de las condiciones externas. Cuando la turbulencia de las distracciones disminuye y nuestra mente se calma, surge de forma natural un sentimiento profundo de felicidad y satisfacción que nos ayuda a resolver los problemas de la vida diaria. La mayoría de las dificultades y tensiones que sufrimos tienen su origen en la mente y muchos de nuestros problemas, como la mala salud, son provocados o agravados por el estrés. Si practicamos la meditación en la respiración durante diez o quince minutos al día, podremos reducir nuestro estrés. Entonces, experimentaremos una gran sensación de tranquilidad y bienestar, y nuestros problemas se desvanecerán. Sabremos manejar mejor las situaciones difíciles, nos sentiremos más cerca de los demás, seremos más atentos con ellos y nuestras relaciones mejorarán.

Hemos de adiestrarnos en esta meditación preliminar hasta que logremos cierta experiencia; pero si deseamos conseguir una paz interna permanente y estable, y liberarnos de todos los problemas y sufrimientos, este ejercicio sencillo de respiración no es suficiente, debemos realizar además otras prácticas de meditación, como las que se presentan en el *Nuevo manual de meditación*. Para hacer estas meditaciones, comenzamos calmando la mente con este ejercicio de respiración y continuamos con las meditaciones analíticas y de emplazamiento siguiendo las instrucciones correspondientes. Algunas de estas meditaciones se describen en los capítulos siguientes.

Buda que Transforma con Pureza

Buda Deidad
del Agua

Buda Dios de las
Deidades del Agua

La muerte

Todos sabemos que tarde o temprano nos vamos a morir, pero la mayoría no queremos reconocerlo. En el fondo, pensamos que nuestra muerte ocurrirá en un futuro lejano. En todo momento, damos por supuesto que hoy no nos vamos a morir. Es probable que incluso el mismo día de nuestra muerte sigamos haciendo planes para el futuro, pensando que aún nos queda mucha vida por delante. Actuamos como si fuéramos a vivir en este mundo para siempre y, en consecuencia, no reflexionamos sobre lo que nos puede suceder después de la muerte.

Debido a nuestra excesiva preocupación por las actividades mundanas, desperdiciamos nuestra preciosa existencia humana. En lugar de utilizarla para lograr una de las tres metas mencionadas anteriormente, la malgastamos en acumular objetos materiales, como alimentos, vestidos, viviendas, etcétera, en disfrutar de los placeres sexuales y otras diversiones, y en luchar por ascender peldaños en la escala económica y social. En este sentido, no nos diferenciamos de los animales, puesto que ellos también buscan comida, construyen hogares, se reproducen, protegen su territorio y compiten por la supremacía dentro de su manada.

Una vida humana como la nuestra es muy valiosa y difícil de encontrar. Por lo tanto, sería vergonzoso si, en lugar de utilizarla para el desarrollo espiritual, la desperdiciáramos viviendo como animales. El mejor método para no echar a perder este precioso renacimiento es darnos cuenta de nuestra propia impermanencia meditando sobre la muerte.

Meditamos sobre la muerte para familiarizarnos con los tres pensamientos siguientes:

1. No hay duda de que me voy a morir.
2. El momento de mi muerte es incierto.
3. Tanto en el momento de mi muerte como después de ella, solo la práctica de Dharma puede ayudarme.

Debemos contemplar estos razonamientos una y otra vez en meditación analítica hasta que logremos una profunda experiencia de ellos e influyan en nuestro modo de vida. Para familiarizarnos con el primer pensamiento, podemos reflexionar como sigue:

1. No hay duda de que me voy a morir porque no puedo impedir que mi cuerpo degenere.
2. Día a día, momento a momento, mi vida se va acortando.
3. La muerte no va a esperar a que practique el Dharma.

Al contemplar estos razonamientos, llegaremos a la siguiente conclusión: «No hay duda de que me voy a morir», y nos concentramos en ella en meditación de emplazamiento. A continuación, reflexionamos de la siguiente manera:

1. No sé cuándo me voy a morir. Aunque sea joven y tenga buena salud, puedo morirme en cualquier momento. Hay hijos que mueren antes que sus padres. No puedo conocer con antelación las circunstancias de mi muerte.
2. Son muchas las condiciones que conducen a la muerte. Por ejemplo, muchas personas fuertes y sanas pierden la vida en accidentes.
3. Este cuerpo humano es frágil y se deteriora con facilidad, hasta el objeto más pequeño puede acabar con él.

Reflexionando de este modo, nos daremos cuenta de que el momento de nuestra muerte es incierto y de que nadie puede garantizarnos que no vayamos a morir hoy mismo. Cuando nos hayamos convencido de ello, debemos repetir mentalmente: «Quizá me muera hoy, es muy posible que me muera hoy», y nos concentramos en el sentimiento que este pensamiento evoca.

A continuación, contemplamos los tres razonamientos siguientes:

1. En el momento de mi muerte, mis posesiones y riquezas no podrán ayudarme.
2. En el momento de mi muerte, mis amigos y familiares no podrán ayudarme.
3. En el momento de mi muerte, mi cuerpo no podrá ayudarme.

Tras haber reflexionado de esta forma, nos daremos cuenta de que tanto en el momento de la muerte como después de ella, solo nuestra práctica de Dharma puede ayudarnos, y nos concentramos en esta conclusión.

Finalmente, terminamos nuestra meditación tomando las tres determinaciones siguientes:

Voy a practicar el Dharma.
Voy a practicar el Dharma ahora mismo.
Voy a practicar el Dharma con sinceridad.

Nos concentramos en ellas sin distracciones durante tanto tiempo como podamos. Debemos poner en práctica estas decisiones e integrarlas en nuestra vida diaria. De este modo, nos protegeremos de los sufrimientos de los reinos inferiores, lograremos la cesación permanente de todo sufrimiento y, finalmente, alcanzaremos la iluminación total.

Buda Excelencia Gloriosa

Buda Sándalo Glorioso   *Buda Esplendor Ilimitado*

El modo de vida budista

Aunque en este momento hayamos renacido como humano, no significa que siempre vayamos a ser tan afortunados. Mientras no purifiquemos nuestra mente por completo, es posible que renazcamos como un animal, un espíritu ávido o en los infiernos. No obstante, si confiamos en Buda, el Dharma y la Sangha, nos libraremos de renacer en los reinos inferiores y de todos los demás sufrimientos.

Buda, el Dharma y la Sangha reciben el nombre de *Tres Joyas* porque son muy valiosos. Si reconocemos que estamos en peligro, confiamos por completo en el poder que las Tres Joyas tienen para protegernos y tomamos la firme resolución de seguir confiando en ellas durante el resto de nuestra vida, entramos en el camino budista y nos convertimos en un budista. Entonces, podremos alcanzar los logros espirituales pertenecientes a este sendero, desde la confianza en el Guía Espiritual hasta el camino de No Más Aprendizaje o Budeidad.

De lo dicho podemos deducir que hay dos causas principales para refugiarnos en las Tres Joyas: reconocer que estamos en peligro y tener confianza en el poder de las Tres Joyas para protegernos. Para generar la primera causa, debemos convencernos de la posibilidad de renacer como un animal, un espíritu ávido o en un infierno. Para ello, podemos considerar el siguiente razonamiento. En el momento de la muerte, la mente ha de abandonar su morada temporal, el cuerpo, y encontrar otra, como el pájaro que abandona su nido para volar a otro. A la mente no le queda más remedio que separarse de su cuerpo y carece de libertad para elegir su nuevo rumbo. Nuestra mente viajará al lugar de su siguiente renacimiento empujada por los vientos de nuestro karma. Si el karma que madura en el momento de nuestra muerte es perjudicial, nos arrojará a un renacimiento inferior. Las acciones perjudiciales de mayor gravedad son la causa para renacer en los infiernos, las que no son tan graves, para renacer como un espíritu ávido, y las pequeñas acciones indebidas, para renacer como un animal.

Es muy fácil crear karma perjudicial, solo con aplastar un mosquito con odio creamos la causa para renacer en los infiernos. Tanto en esta como en las innumerables vidas pasadas, hemos cometido acciones terribles, y si no las purificamos con una confesión sincera, su potencial permanecerá en nuestra consciencia y es posible que madure en el momento de la muerte. Por ello, debemos preguntarnos:

Si me muero hoy, ¿dónde estaré mañana? Es muy probable que renazca como un animal, un espíritu ávido o en un infierno. Si alguien me insulta y me llama gusano o cerdo, enseguida me enfado. ¿Qué haré si de verdad me convierto en un gusano, un cerdo o una vaca?.

Contemplamos los sufrimientos de los tres reinos inferiores hasta que sintamos temor de renacer allí. Este miedo es la causa principal de refugiarnos en las Tres Joyas. Otros razonamientos para convencernos de la posibilidad de renacer en los reinos inferiores pueden encontrarse en *El camino gozoso de buena fortuna.*

Para generar la otra causa principal de buscar refugio, confianza en el poder de Buda, el Dharma y la Sangha para proteger a los seres sintientes de los reinos inferiores, realizamos la siguiente contemplación: «Nuestro verdadero refugio es el Dharma, es decir, las enseñanzas de Buda y nuestra experiencia de ellas. En realidad, lo que nos protege de renacer en los reinos inferiores es nuestro propio Dharma, es decir, nuestras realizaciones espirituales. ¿Cómo es esto posible? La causa que nos arroja a un renacimiento inferior son las acciones perjudiciales, que cometemos porque nuestra mente está bajo las influencia de los engaños. Con la práctica de las enseñanzas de Buda, nos habituamos a generar estados mentales virtuosos que son los oponentes directos de estos engaños. A medida que nuestras virtudes se vayan haciendo más poderosas, nuestras perturbaciones mentales se debilitarán. Por ejemplo, a medida que vaya aumentando nuestro amor, disminuirá nuestro odio, y cuanto más nos alegremos de la buena fortuna de los demás, tendremos menos celos. Cuando se vayan debilitando nuestras mentes impuras, dejaremos de cometer el karma destructivo que nos arroja a los reinos inferiores. De este modo, nuestra experiencia interna de Dharma nos protegerá de renacer en estos reinos».

Si nos adiestramos en las prácticas budistas más avanzadas que se describen en este libro, en particular, en la sabiduría que realiza la vacuidad, la verdad última, finalmente lograremos una experiencia directa de ella y eliminaremos todas las perturbaciones mentales. Cuando esto suceda, nos habremos liberado para siempre del sufrimiento.

El Dharma es el refugio verdadero y Buda es la fuente de todo refugio. Él es el Guía Espiritual supremo que nos muestra cómo alcanzar realizaciones espirituales y nos inspira con sus bendiciones a lo largo del camino. La Sangha son los amigos espirituales que actúan como soporte de nuestra práctica de Dharma, nos proporcionan las condiciones favorables para nuestro desarrollo espiritual y nos inspiran con su buen ejemplo. Solo las Tres Joyas poseen la capacidad de proteger a los seres sintientes del sufrimiento.

Si contemplamos estos razonamientos con detenimiento, llegaremos a la firme convicción de que Buda, el Dharma y la Sangha poseen la capacidad de proteger a todos los seres sintientes de los renacimientos inferiores y de sus miedos y sufrimientos. Esta convicción es la segunda causa para refugiarnos en las Tres Joyas. Con estas dos causas principales establecidas con firmeza en nuestra mente, debemos rezar cada día a las Tres Joyas recitando la siguiente oración de refugio:

¡Oh, Budas, Bodhisatvas y demás seres sagrados!,
protegednos a mí y a todos los seres sintientes
de todos los miedos, peligros y sufrimientos del samsara,
y bendecid, por favor, nuestro cuerpo y mente.

En esta oración, *Budas* se refiere a la Joya de Buda, y *Bodhisatvas y demás seres sagrados,* a la Joya de la Sangha –la asamblea de los Seres Superiores, aquellos que han alcanzado una realización directa de la verdad última–. Cuando recitamos este verso, imaginamos que en el espacio frente a nosotros aparece Buda Shakyamuni rodeado de todos los Budas y Bodhisatvas, como la luna circundada de estrellas. Sin dudar de que estamos en su presencia, generamos una fe profunda y sincera en ellos.

Cuando recitamos las palabras *protegednos a mí y a todos los seres sintientes* al mismo tiempo que nos concentramos en su significado, nos estamos familiarizando con la mente de renuncia, el deseo de liberarnos de todos los miedos, peligros y sufrimientos del samsara; y al recitar *y a todos los seres sintientes,* lo hacemos con la mente de gran compasión, el deseo de liberarlos de sus miedos, peligros y sufrimientos. Con la última línea, rogamos a los Budas, Bodhisatvas y demás seres sagrados que nos bendigan para que aumenten nuestras realizaciones de renuncia y gran compasión. Estas realizaciones son Joyas del Dharma.

En resumen, cuando recitamos este verso y contemplamos su significado, establecemos en nuestra mente las Joyas especiales del Dharma de la renuncia y la gran compasión, y recibimos las bendiciones de las Joyas de Buda y de la Sangha. Este es el verdadero significado de la práctica de refugio en las Tres Joyas. Si al morir recordamos esta práctica, nos protegerá de renacer en los reinos inferiores.

El fundamento del modo de vida budista es refugiarse en las Tres Joyas desde lo más profundo de nuestro corazón y mantener con pureza los doce compromisos del refugio, que se describen en el apéndice 1. El significado esencial de estos compromisos es confiar por completo en las Tres Joyas y vivir respetando la ley del karma, abandonando las acciones perjudiciales, como matar o robar, y realizando acciones virtuosas, como ser compasivos con los seres humanos y animales. Todo el que desee seguir el sendero budista debe familiarizarse con estos doce compromisos.

SEGUNDA PARTE

El camino hacia la liberación

Buda Luz Gloriosa

Buda Ser Glorioso Sin Dolor   *Buda Hijo Sin Ansia*

¿Qué es la liberación?

La liberación es el estado de paz interior permanente que se alcanza al abandonar por completo las perturbaciones mentales. Cuando por medio del adiestramiento en el camino a la liberación nuestra mente se libera por completo de los engaños, la naturaleza última de la mente se transforma en la liberación o el nirvana. A partir de ese momento, estaremos libres del samsara y de sus sufrimientos, y nos habremos convertido en un Destructor del Enemigo, aquel que ha eliminado los enemigos internos del apego, el odio y la ignorancia del aferramiento propio.

Como se mencionó con anterioridad, cuarenta y nueve días después de que Buda alcanzara la iluminación, los dioses Brahma e Indra le suplicaron que girase la rueda del Dharma. La primera enseñanza que Buda impartió fue el *Sutra de las cuatro nobles verdades*, en el cual se revela la verdad de los sufrimientos, de los orígenes, de las cesaciones y de los caminos. Se dice que todos los renacimientos en el samsara, incluida nuestra presente existencia humana, son una *verdad de los sufrimientos* porque son la base de todos los demás sufrimientos y perturbaciones mentales; estas y las acciones motivadas por ellas constituyen las *verdades de los orígenes* porque son el origen o fuente de todo el sufrimiento. La liberación es una *verdad de las cesaciones* porque es una cesación permanente de las perturbaciones mentales y de los sufrimientos; y los senderos espirituales que nos conducen a la liberación son la *verdad de los caminos* porque si los seguimos, alcanzaremos la verdad de las cesaciones. Buda dijo:

«Conoce los sufrimientos,
abandona sus orígenes,
alcanza las cesaciones
y medita en los caminos».

Estas palabras nos indican que primero hemos de comprender que la naturaleza de los renacimientos en el samsara es sufrimiento y que debemos renunciar a él. Después, hemos de abandonar las perturbaciones mentales y las acciones perjudiciales, ya que son la fuente u origen de los renacimientos en el samsara y de los sufrimientos; y finalmente, hemos de llenar nuestra existencia humana de significado alcanzando la liberación. Para lograr esta cesación permanente del dolor, debemos meditar en los caminos que nos conducen a la liberación.

Las cuatro nobles verdades se pueden comprender y practicar de diferentes maneras. De forma directa o indirecta, todas las prácticas de Dharma están contenidas en las cuatro nobles verdades. Podemos comenzar esta práctica reflexionando sobre los sufrimientos que nos causa el odio. Esta perturbación mental no solo destruye nuestra paz interior, sino también la del mundo entero. Es la verdadera culpable de las dos guerras mundiales y de las demás contiendas que ocurren en el mundo. El odio destruye nuestras relaciones con los demás, nuestra reputación y la armonía familiar y comunitaria. Casi todas las peleas y dificultades cotidianas que tenemos con nuestros familiares, amigos y compañeros de trabajo son también producidas por el odio. La raíz de nuestra felicidad futura son nuestras huellas kármicas virtuosas, la energía constructiva que las buenas acciones que realizamos en el pasado dejaron grabadas en nuestro continuo mental. El odio destruye estas huellas y nos impide experimentar los beneficios de nuestras acciones virtuosas. Además, nos obliga a cometer acciones perjudiciales y nos arroja a los fuegos de los infiernos en vidas futuras. Nada nos daña más que nuestro propio odio.

Al reconocer los terribles e innecesarios sufrimientos producidos por el odio, hemos de renunciar a ellos e intentar abandonar su causa, esta perturbación mental, practicando su oponente, la virtud de la paciencia. De este modo, lograremos la cesación del odio. Los males producidos por esta perturbación mental son verdades del sufrimiento, el odio en sí es una verdad de los orígenes, el adiestramiento en la paciencia, una práctica de la verdad de los caminos, y la cesación permanente de este engaño, una verdad de las cesaciones. Estos mismos principios pueden aplicarse también a los sufrimientos producidos por el apego y la ignorancia.

Buda Flor Gloriosa

Buda que Conoce con
Claridad con el Deleite
del Resplandor Puro

Buda que Conoce con
Claridad con el Deleite
del Resplandor del Loto

Renuncia

Mientras renazcamos en el samsara, aunque sea en el reino más elevado de los dioses, tendremos que padecer numerosos sufrimientos, y la existencia humana no es una excepción. Con mirar a nuestro alrededor, hojear un periódico o ver la televisión, podemos comprobar que los seres humanos están afligidos por terribles sufrimientos. Si logramos renacer en los reinos afortunados, será como disfrutar de unas vacaciones durante una temporada, pero cuando se terminen, tendremos que volver a descender a los reinos inferiores, donde experimentaremos horribles sufrimientos durante largos períodos de tiempo. Por el mero hecho de haber renacido en el samsara, tenemos que padecer todas estas miserias. Por lo tanto, si deseamos disfrutar de libertad y felicidad verdaderas, hemos de escapar de la existencia cíclica.

Para escapar del samsara, tenemos que erradicar el aferramiento propio de nuestro continuo mental. Para conseguirlo, hemos de adiestrarnos en la sabiduría superior, que depende del entrenamiento en la concentración superior, que a su vez depende de la práctica de la disciplina moral superior. Estas tres prácticas se denominan *adiestramientos superiores* porque se realizan con la motivación de renuncia, el deseo de escapar del samsara. Por lo tanto, el primer paso para liberarnos de la existencia cíclica es lograr la realización de la renuncia.

Para generar la mente de renuncia hemos de reflexionar sobre las innumerables faltas del samsara, como las que se exponen a continuación. Es posible que nos preguntemos por qué debemos meditar sobre sufrimientos como el nacimiento, la vejez, las enfermedades y la muerte, ya que todos tenemos que experimentarlos. Si meditamos sobre estos sufrimientos, comprenderemos que la naturaleza de la existencia cíclica es el dolor y que, mientras permanezcamos en ella, tendremos que padecer las mismas penas y miserias vida tras vida. Esta reflexión nos ayudará a generar con sinceridad el deseo de escapar del samsara eliminando su causa principal, el aferramiento propio. Este deseo se denomina *renuncia*.

A continuación se presentan siete contemplaciones acerca de los sufrimientos del samsara. No es necesario reflexionar sobre todos estos sufrimientos cada vez que vayamos a meditar, podemos contemplar solo los que nos produzcan una mayor impresión y nos ayuden a generar la mente de renuncia. Cuando sintamos el deseo de escapar del samsara con cierta intensidad, dejamos a un lado la meditación analítica y nos concentramos en él de manera convergente durante tanto tiempo como podamos.

En las contemplaciones que se presentan a continuación, analizamos los diversos sufrimientos del reino humano, pero no debemos olvidar que los que se padecen en otros reinos son, por lo general, mucho peores.

EL NACIMIENTO

Los seres humanos pasamos los primeros nueve meses de nuestra vida encerrados en el seno de nuestra madre. Al principio, experimentamos el rápido crecimiento de nuestros miembros como si alguien estuviera estirando de ellos en una mesa de tortura, y pasamos los últimos meses de embarazo como si estuviéramos apretujados en un pequeño aljibe lleno de líquidos malolientes. Somos muy sensibles a cualquier cosa que haga nuestra madre. Por ejemplo, si corre, nuestro cuerpecito frágil se tambalea y choca contra las paredes de su seno, y si bebe algo caliente, sentimos como si nos escaldaran. Durante todo este tiempo nos sentimos solos y desamparados. Nuestra propia madre ignora que estamos sufriendo y que tenemos miedo, y aunque lo supiera, no podría hacer nada para aliviarnos.

Al salir del seno materno, sentimos como si nos empujaran para pasar por una estrecha hendidura entre dos piedras rocosas y entramos en un mundo extraño y hostil. Hemos olvidado todo lo que aprendimos en nuestra vida anterior y nos sentimos confundidos. No podemos comprender lo que nos está pasando y es como si estuviéramos ciegos, mudos y sordos. Nuestra piel es muy suave y hasta las prendas más delicadas nos resultan abrasivas. Cuando tenemos hambre, no podemos decir: «Quiero comer», o cuando nos duele algo: «Me duele aquí». La única manera que tenemos de expresarnos es con llantos y gestos de enfado. No podemos valernos por nosotros mismos y hemos de aprender de nuevo a hacerlo todo: comer, sentarnos, hablar y caminar.

LA VEJEZ

Con el paso de los años, nuestra vitalidad y juventud van apagándose, nuestro cuerpo se encorva y pierde su belleza, y las enfermedades nos asaltan por doquier. Nuestra vista se debilita y nos volvemos duros de oído. No podemos obtener el mismo placer que antes de las cosas que nos gustan, como los alimentos, las bebidas y las relaciones sexuales. Nos sentimos débiles para practicar juegos y deportes, y cansados para disfrutar de cualquier diversión. Durante nuestra juventud pudimos viajar por todo el mundo, pero al envejecer, no somos ni siquiera capaces de cruzar la calle en que vivimos. No tenemos energía para emprender ninguna actividad y hemos de restringir nuestras prácticas espirituales. Tenemos que dejar de hacer postraciones y no podemos recorrer largas distancias para recibir enseñanzas. Si meditamos, no alcanzamos realizaciones porque nuestra memoria y concentración son muy débiles y nos cuesta permanecer despiertos durante la meditación. Perdemos nuestra agudeza intelectual y cuando intentamos estudiar algo, necesitamos mucho tiempo para comprenderlo.

No podemos desempeñar los mismos trabajos que antes ni ayudar a los demás, nos sentimos miembros inútiles de la sociedad y hasta perdemos el respeto por nosotros mismos. Nuestros propios hijos nos olvidan y no quieren saber nada de nosotros. Observamos impotentes cómo nuestros amigos y otras personas de nuestra edad van enfermando y muriendo uno tras otro. Nuestra soledad se agrava de manera inexorable. Si durante nuestra juventud, cuando tuvimos la oportunidad, no practicamos el Dharma, pasaremos los últimos años temerosos de la muerte y con un profundo sentimiento de culpabilidad y arrepentimiento por haber desperdiciado nuestra vida.

LAS ENFERMEDADES

Si renacemos como un ser humano, es casi imposible no padecer alguna enfermedad tarde o temprano. Al enfermar, somos como el pájaro que vuela por el cielo y, de repente, cae herido por un disparo y pierde en un instante toda su gloria y poder. La menor de las dolencias puede incapacitarnos por completo. Cuando estamos enfermos, no podemos saborear nuestra comida favorita ni salir a divertirnos con nuestros amigos. Nos prohíben los alimentos que más nos gustan, las bebidas alcohólicas y el tabaco, no solo durante el período en que dura la enfermedad, sino también de por vida. Si nuestra dolencia es de cierta gravedad, es posible que tengamos que someternos a varias intervenciones quirúrgicas con todo el sufrimiento y los riesgos que ello implica. Si estas operaciones fracasan, los médicos no podrán hacer nada por nosotros y nos dirán que moriremos pronto. Entonces, si no hemos utilizado nuestra vida para practicar el Dharma, sentiremos temor y arrepentimiento.

Hasta la persona más joven es susceptible de sufrir en cualquier momento una enfermedad degenerativa e incurable y, aunque permanezca con vida durante años, tendrá que contemplar día a día cómo su cuerpo se va deteriorando. Al ver que sus deseos y sueños jamás se cumplirán, es posible que desee morirse cuanto antes. Cuando oímos hablar de personas enfermas, debemos recordar que a nosotros nos puede ocurrir lo mismo que a ellas, ya que mientras permanezcamos en el samsara no estaremos libres del verdugo de la enfermedad.

LA MUERTE

Si durante nuestra vida hemos trabajado con ahínco para acumular posesiones y nos sentimos apegados a ellas, en el momento de la muerte sufriremos al tener que dejarlas atrás. Si ahora nos resulta difícil prestar nuestras posesiones más preciadas y mucho más regalarlas, ¿qué sucederá al morir, cuando comprendamos que vamos a perderlas para siempre?

En el momento de la muerte, nos veremos obligados a separarnos de nuestros amigos íntimos. Tendremos de abandonar a nuestro cónyuge aunque hayamos pasado la mayor parte de nuestras vidas juntos. Si estamos apegados a nuestros seres queridos, al morir nos sentiremos apenados y angustiados, pero lo único que podrán hacer, si alguno de ellos está presente, será sostener nuestra mano. Aunque nos supliquen que no muramos, no podremos detener el proceso de la muerte. Si estamos encariñados con una persona y esta se marcha con otra, aunque solo sea por poco tiempo, enseguida nos ponemos celosos, pero al morir, tendremos que despedirnos de esa persona para siempre. Si tenemos hijos, los dejaremos en este mundo, y también nos despediremos de nuestros compañeros espirituales y de todas las personas que amamos y que nos han ayudado en la vida.

Cuando vayamos a morir, tendremos que separarnos de este cuerpo que tanto estimamos y que hemos cuidado durante años, y se convertirá en una masa inanimada de carne que habrá que incinerar o enterrar. Si no hemos practicado el Dharma y realizado acciones virtuosas, en el momento de la muerte nos embargarán el miedo y la angustia, además del sufrimiento físico.

SEPARACIÓN DE TODO LO QUE NOS GUSTA

Antes de la despedida final a la que nos somete el verdugo de la muerte, a menudo tenemos que separarnos temporalmente de nuestras posesiones y de las personas a quienes amamos. Es posible que perdamos nuestro puesto de trabajo o que nos veamos obligados a salir de nuestro país de origen, donde tenemos a nuestros familiares y amigos. En cualquier momento podemos perder nuestra buena reputación. ¡Cuántas veces en la vida hemos de padecer la pena y el dolor de tener que separarnos de nuestros seres queridos, y de perder o vernos forzados a abandonar lo que tanto apreciamos! En el momento de la muerte, pasaremos también por todas estas experiencias, pero nuestra despedida no será temporal sino definitiva.

ENFRENTAMIENTO CON LO QUE NO NOS GUSTA

A menudo tenemos que trabajar o vivir con personas que nos resultan desagradables, que nos critican sin razón o interfieren en nuestros planes y deseos. En ocasiones, somos víctimas de graves peligros, como un terremoto, un incendio, un robo o incluso una violación. Si nuestro país decide entrar en guerra, tendremos que ir al frente de batalla o, de lo contrario, acabaremos en la cárcel. Quizá bombardeen nuestra casa y la ciudad en que vivimos y nuestra familia corra el constante riesgo de ser aniquilada. Aunque en la vida diaria no siempre nos enfrentamos a situaciones tan difíciles, hemos de padecer numerosos contratiempos. Cuando nos vamos de vacaciones, se pone a llover, y cuando volvemos al trabajo, empieza a hacer calor. Los negocios nos van mal, perdemos nuestro empleo o nos vemos obligados a gastar nuestros ahorros. Tenemos continuas peleas con nuestro cónyuge, los hijos son una fuente de problemas y preocupaciones, y los viejos amigos, de repente, se enfadan con nosotros. No importa lo que hagamos, siempre hay algo que sale mal. Incluso en la práctica de Dharma encontramos numerosos obstáculos. Cuando nos sentamos a meditar, cualquier ruido nos distrae, el teléfono empieza a sonar o alguien viene a interrumpirnos, y nos parece que, a pesar de haber practicado el Dharma durante años, nuestras perturbaciones mentales son más intensas que nunca. Aunque hacemos todo lo posible para complacer a nuestros familiares, a menudo nos critican por llevar una vida espiritual y se niegan a aceptarnos. Es como si viviésemos atrapados en un matorral de espinos, con cada movimiento que hacemos para acomodarnos mejor, recibimos más pinchazos. En el samsara, los agravios y frustraciones son el pan de cada día.

FRACASO EN SATISFACER NUESTROS DESEOS

Todos tenemos innumerables deseos, algunos son imposibles de complacer y otros, cuando se cumplen, no nos proporcionan el bienestar que esperábamos. Muchas personas son incapaces de satisfacer incluso sus más humildes deseos de conseguir las necesidades básicas de la vida, como alimentos, vestido y cobijo, amistades, un buen trabajo y libertad personal. Los que somos más afortunados y tenemos cubiertas estas necesidades tampóco estamos contentos. Pronto deseamos un coche mejor, una casa más grande o un trabajo mejor pagado. Antes nos bastaban unas sencillas vacaciones a la orilla del mar, pero ahora ya no nos satisfacen y deseamos viajar al extranjero.

La ambición y la competitividad son, por lo general, causas de insatisfacción. En el colegio, el alumno más ambicioso no descansa hasta que no consigue las mejores notas de la clase, y el hombre de negocios con grandes ambiciones no se conforma con lo que tiene y trabaja sin descanso para incrementar su fortuna. No todo el mundo puede llegar a ser el mejor, porque para que uno gane, otros han de perder. Aun así, los ganadores tampoco se sienten satisfechos durante mucho tiempo: su ansia por lograr metas más elevadas acaba por consumirlos tarde o temprano.

Otra de las razones por las que no logramos satisfacer nuestros deseos e ilusiones es que, a menudo, son contradictorios. Por ejemplo, deseamos tener éxito en el ámbito profesional pero gozar de una vida sencilla, ser famosos pero proteger nuestra vida privada, disfrutar de deliciosas comidas pero mantener un cuerpo esbelto, vivir emociones fuertes pero sin correr ningún riesgo. Queremos que todo se haga a nuestra manera y, al mismo tiempo, esperamos que los demás nos aplaudan y complazcan. Deseamos alcanzar elevadas realizaciones espirituales pero sin abandonar nuestra aspiración egocéntrica de tener una buena reputación y acumular posesiones materiales. A menudo, nuestros deseos requieren la intervención de otras personas, lo cual conlleva numerosas complicaciones. Muchas de las relaciones entre parejas se rompen porque las expectativas de los cónyuges son irreales.

Todos buscamos y deseamos la perfección –la sociedad perfecta, la casa perfecta, el compañero perfecto–, pero es imposible encontrarla en el samsara. Este promete mucho, pero nunca ofrece una verdadera satisfacción. No es posible que objetos impuros y transitorios produzcan el gozo y la felicidad imperecederos que todos buscamos, la única manera de lograrlos es purificando nuestra mente. La ignorancia es la causa fundamental del samsara, pero los deseos mundanos son su alimento. Por lo tanto, debemos reconocer sus inconvenientes e intentar reducirlos.

Si contemplamos estos siete tipos de sufrimiento, llegaremos a la siguiente conclusión:

En el pasado, he padecido estos sufrimientos repetidas veces
y si no alcanzo la liberación, tendré que experimentarlos de
nuevo en el futuro. Por lo tanto, debo liberarme del samsara.

Cuando generemos este pensamiento con claridad y firmeza, nos concentramos en él durante tanto tiempo como podamos.

Si realizamos esta meditación a menudo, llegará un momento en que generaremos día y noche, de manera espontánea, el deseo de alcanzar la liberación del samsara. Entonces, habremos logrado la realización de la renuncia y entrado en el camino hacia la liberación. Toda acción motivada por la renuncia es una causa para alcanzar la liberación.

Con cierta experiencia de renuncia podemos transformar todas nuestras actividades cotidianas en el camino hacia la liberación, manteniendo la intención de beneficiar a los demás y dedicando mentalmente la virtud de nuestras acciones para que tanto nosotros mismos como los demás, logremos liberarnos del samsara. Cuando tropecemos con dificultades, hemos de utilizarlas para recordar las desventajas de la existencia cíclica, y cuando las cosas marchen bien no debemos engañarnos, sino recordar que los placeres del samsara no son duraderos y que si nos apegamos a ellos, nos perjudicarán. De este modo, podremos aprovechar todas las experiencias diarias para intensificar nuestra determinación de abandonar el samsara y alcanzar la liberación.

Los tres adiestramientos superiores

Como se mencionó con anterioridad, los verdaderos caminos que nos conducen hacia la liberación del samsara son los tres adiestramientos superiores: la disciplina moral superior, la concentración superior y la sabiduría superior. Se denominan superiores porque se practican con la motivación de renuncia. Para alcanzar la liberación, hemos de abandonar el aferramiento propio, la raíz del samsara, con la sabiduría especial que realiza la vacuidad de manera directa. El logro de esta sabiduría depende de una clase particular de concentración conocida como *permanencia apacible*, que a su vez depende de mantener una moralidad pura. La disciplina moral nos ayuda a disipar nuestras distracciones, el obstáculo principal que nos impide alcanzar la permanencia apacible; la concentración estabiliza nuestra mente, volviéndola lúcida y poderosa; y la sabiduría que realiza la vacuidad de manera directa elimina la ignorancia del aferramiento propio. Por lo tanto, si practicamos la moralidad, la concentración y la sabiduría con una motivación de renuncia, eliminaremos nuestro aferramiento y alcanzaremos la liberación del samsara.

EL ADIESTRAMIENTO EN LA DISCIPLINA MORAL SUPERIOR

Por lo general, la disciplina moral es la determinación mental virtuosa de abandonar toda falta, o la acción física o verbal motivada por ella. Nos adiestramos en la moralidad cuando ponemos en práctica esta determinación. Si nuestra práctica de disciplina moral no está motivada por la renuncia, será la causa para renacer en uno de los reinos superiores del samsara, como en el de los dioses o humanos; pero si lo está, nos conducirá hacia la liberación del samsara. Por esta razón, a la disciplina moral practicada con la motivación de renuncia se la llama disciplina moral superior, y es un verdadero camino hacia la liberación. Las prácticas puras de los votos de ordenación, de los votos del Bodhisatva y de los tántricos son aspectos del adiestramiento en la disciplina moral superior y caminos que nos conducen hacia la liberación.

EL ADIESTRAMIENTO EN LA CONCENTRACIÓN SUPERIOR

La concentración pura es una mente cuya naturaleza es permanecer de manera convergente en un objeto virtuoso y cuya función es evitar distracciones. La concentración motivada por la renuncia es la concentración superior y en sí misma es un verdadero camino que nos conduce hacia la liberación. Cuando meditamos motivados por la renuncia, nos estamos adiestrando en la concentración superior.

Hay numerosos niveles de concentración. Para alcanzar una realización directa de la vacuidad, la naturaleza última de la realidad, necesitamos la concentración de la permanencia apacible. Esta es la absorción dotada de los gozos especiales de las flexibilidades física y mental que se logra tras haber progresado a lo largo de nueve niveles de concentración denominados *nueve permanencias mentales*. Cuando alcancemos la permanencia apacible nuestra mente se volverá estable, clara y poderosa, y, como consecuencia, lograremos realizaciones de Dharma con facilidad. Para una descripción detallada sobre cómo lograr la permanencia apacible, véase *El camino gozoso de buena fortuna*.

EL ADIESTRAMIENTO EN LA SABIDURÍA SUPERIOR

Por lo general, la sabiduría es una mente virtuosa cuya función principal es disipar la duda y la confusión con la comprensión perfecta de su objeto. Entre las numerosas clases de sabiduría, la que realiza la vacuidad, la naturaleza última de los fenómenos, es la suprema. Cuando meditamos en la vacuidad con una motivación de renuncia, estamos adiestrándonos en la sabiduría superior. Gracias a este adiestramiento, finalmente nuestra mente se liberará de todas las perturbaciones mentales o engaños, incluyendo la ignorancia del aferramiento propio, y lograremos la liberación del samsara.

Se dice que quien practica estos tres adiestramientos superiores «está manteniendo el Budadharma con realizaciones». Hay dos maneras de mantener el Budadharma: por medio de las escrituras y por medio de realizaciones. Lo mantenemos de la primera forma cuando escuchamos, leemos o estudiamos el Dharma; y de la segunda, cuando ponemos estas instrucciones en práctica y alcanzamos realizaciones.

TERCERA PARTE

El camino hacia la iluminación

Buda Riqueza Gloriosa

Buda Memoria
Gloriosa

Buda Nombre
Glorioso de Gran Fama

Cómo convertirse en un Bodhisatva

Como ya se ha mencionado, la mejor manera de llenar nuestra preciosa existencia humana de significado no es logrando nuestra propia liberación del sufrimiento, sino alcanzando la gran iluminación o Budeidad por el beneficio de todos los seres sintientes. Para ello, debemos confiar en las enseñanzas mahayanas de Buda. Primero, hemos de generar la preciosa motivación de bodhichita y después, con la práctica de las seis perfecciones, adoptar el modo de vida del Bodhisatva hasta convertirnos, al completar este adiestramiento, en un ser iluminado o un Buda.

La bodhichita es la mente primaria, motivada por la gran compasión, que desea alcanzar la iluminación por el beneficio de todos los seres sintientes. Esta mente tan especial no surge de manera espontánea, sino que debemos cultivarla por medio de la meditación durante mucho tiempo. Como resultado de familiarizarnos con ella, llegaremos a generarla de forma natural, día y noche, sin esfuerzo. En ese momento nos convertiremos en un Bodhisatva, el ser que se compromete a alcanzar la iluminación.

Si nos adiestramos en la bodhichita y adoptamos el modo de vida del Bodhisatva, finalmente nuestra mente se liberará de las perturbaciones mentales y de sus impresiones. Las perturbaciones mentales o engaños se denominan *obstrucciones a la liberación* porque nos mantienen atrapados en el samsara, y las impresiones de los engaños, *obstrucciones a la omnisciencia* porque nos impiden lograr una percepción directa y simultánea de todos los fenómenos. Cuando nuestra mente se libera por completo de las dos obstrucciones, su naturaleza última se convierte en la iluminación, llamada también *gran liberación* o *gran nirvana*, y nosotros, en un Buda.

La bodhichita nace de la gran compasión, el sentimiento imparcial que desea proteger del sufrimiento a todos los seres sin excepción. No es posible generar esta gran mente compasiva sin antes sentir amor afectivo hacia todos los seres. Este amor es una mente que se siente cercana a los demás y los estima. Si amamos a los demás, cuando comprendamos que están sufriendo, sentiremos compasión por ellos de manera natural. Por lo tanto, para convertirnos en un Bodhisatva, primero hemos de albergar este amor afectivo hacia todos los seres sintientes y luego generar las mentes de gran compasión y bodhichita.

AMOR AFECTIVO

Buda enseñó que para cultivar amor afectivo hacia todos los seres, hemos de aprender a reconocerlos como nuestras madres y contemplar lo bondadosos que han sido con nosotros. Con este fin, realizamos la siguiente contemplación: «Puesto que es imposible señalar el comienzo de nuestro continuo mental, podemos deducir que en el pasado hemos renacido innumerables veces y que, en consecuencia, hemos tenido tantas madres como renacimientos. Si esto es así, ¿qué ha sido de ellas? ¿Dónde están ahora? Nuestras madres son los seres sintientes».

No es correcto pensar que quienes fueron nuestras madres en vidas pasadas ahora no lo son porque ha transcurrido mucho tiempo desde que cuidaron de nosotros. Si nuestra madre muriera hoy, ¿dejaría de ser nuestra madre? Todavía la consideraríamos como tal y rezaríamos por su felicidad. Lo mismo ocurre con todos los seres que fueron nuestra madre en el pasado: murieron, pero siguen siendo nuestras madres. La única razón por la que no nos reconocemos es que ha cambiado nuestra apariencia física.

En la vida diaria nos encontramos con diferentes seres sintientes, tanto humanos como no humanos. A algunos los consideramos amigos, a otros enemigos y a la mayoría extraños. Este tipo de discriminación es producto de nuestras mentes erróneas y las mentes válidas no lo verifican. Como resultado de las relaciones kármicas que mantuvimos en el pasado, algunos seres nos parecen agradables y atractivos, otros desagradables y el resto ni lo uno ni lo otro. Tenemos tendencia a aceptar estas apariencias sin vacilar, como si fueran realmente ciertas. Pensamos que las personas que nos agradan son de por sí agradables, y las que nos desagradan, intrínsecamente desagradables. Esta manera de pensar es incorrecta. Si las personas que nos parecen atractivas lo fueran por sí mismas, cualquiera que las conociera pensaría lo mismo de ellas, e igual sucedería con las que consideramos desagradables, pero esto no es así. En lugar de sucumbir ante este tipo de mentes erróneas, es más beneficioso considerar que todos los seres sintientes son nuestras madres. Cuando nos encontremos con alguien, debemos pensar: «Esta persona es mi madre». De esta manera, generaremos un sentimiento ecuánime de afecto hacia todos los seres.

Si pensamos que todos los seres sintientes son nuestras madres, nos resultará más fácil sentir amor y compasión hacia ellos, nuestras relaciones diarias serán más estables y constructivas, y evitaremos de manera natural cometer acciones perjudiciales, como matar o hacer daño a los demás. Puesto que reconocer que todos los seres son nuestras madres nos proporciona enormes beneficios, deberíamos adoptar esta manera de pensar sin vacilaciones.

Una vez que nos hayamos convencido de que todos los seres son nuestras madres, debemos recordar lo bondadosos que han sido con nosotros. Cuando fuimos concebidos, si nuestra madre no hubiera querido mantenernos en su seno, podría haber abortado y, si lo hubiera hecho, ahora no dispondríamos de esta vida tan preciosa. Gracias a su buen corazón, nos mantuvo en su seno y ahora disfrutamos de esta existencia humana con todas sus ventajas. Cuando éramos un bebé, nos cuidó con extremada atención. De no haberlo hecho, lo más probable es que hubiésemos sufrido algún accidente y ahora estuviéramos lisiados, ciegos o mentalmente discapacitados. Por fortuna, nuestra madre nunca nos descuidó. Veló por nosotros día y noche con gran amor y cariño, considerándonos más importantes que ella misma. ¡Cuántas veces al día nos tuvo que salvar de todo tipo de peligros! Por la noche interrumpimos su sueño y durante el día sacrificó sus pequeños placeres por nosotros. Tuvo que abandonar su trabajo, y cuando sus amigos salían a divertirse, ella se quedaba en casa para cuidarnos. Gastó todos sus ahorros para proporcionarnos los mejores alimentos y ropas. Nos enseñó a comer, a andar y a hablar. Pensando en nuestro futuro, hizo lo posible para que recibiéramos una buena educación. Gracias a su bondad, podemos aprender con facilidad lo que nos propongamos y tenemos la oportunidad de practicar el Dharma y alcanzar la iluminación.

Puesto que todos los seres han sido nuestra madre en alguna de nuestras vidas pasadas y cuando fuimos su hijo nos trataron con el mismo amor y cuidado que nuestra madre actual, podemos afirmar que han sido muy bondadosos con nosotros.

La bondad de todos los seres no se limita al período de tiempo en que fueron nuestra madre. Cada día satisfacemos nuestras necesidades básicas gracias a la amabilidad de otros. Vinimos desnudos al mundo, pero desde el primer día, gracias a la bondad de los demás, recibimos un hogar, alimentos, vestidos y cualquier cosa que necesitamos. Todo lo que disfrutamos es el resultado de la generosidad de innumerables personas en el pasado o en el presente.

Ahora podemos utilizar numerosos servicios con el mínimo esfuerzo. Si consideramos los servicios públicos e instalaciones, como carreteras, automóviles, aviones, barcos, restaurantes, hoteles, bibliotecas, hospitales, tiendas, dinero y demás, es obvio que muchas personas han trabajado duro para que otros los disfruten. Aunque nosotros aportemos muy poco o nada al abastecimiento de estas comodidades, se encuentran a nuestra disposición, lo cual es una muestra continua de la benevolencia de los demás.

Nuestra educación y nuestro adiestramiento espiritual tampoco habrían sido posibles sin la ayuda y la amabilidad de otros seres. Todas las realizaciones de Dharma, desde nuestras primeras experiencias hasta los logros de la liberación y la iluminación, las alcanzamos también gracias a la gran bondad de los demás.

Cuando reconozcamos que todos los seres son nuestras madres y reflexionemos acerca de su bondad, sentiremos amor afectivo hacia todos ellos por igual. En cierta ocasión, una mujer pidió al gran maestro tibetano Gueshe Potoua que le explicara qué es el amor afectivo y él contestó: «¿Qué sientes cuando ves a tu hijo? Te alegras de verlo y te parece una persona agradable. Si tratamos a todos los seres de este modo, sintiéndonos cercanos a ellos y estimándolos, habremos generado amor afectivo».

Nuestra madre quizá no tenga un físico atractivo ni vista con elegancia, pero debido a que tenemos una relación especial con ella, nos parece hermosa. La queremos y si vemos que está sufriendo, sentimos una profunda compasión por ella de manera espontánea. Cuando sintamos lo mismo hacia todos los demás seres, habremos generado amor afectivo. Con este amor hacia todos los seres es imposible tener celos o enfadarnos con ellos. Si recordamos en todo momento la bondad de los demás, cultivaremos de manera natural un corazón cálido y afectuoso y, en consecuencia, los estimaremos. Aunque veamos faltas en los demás, sabremos apreciar sus buenas cualidades, al igual que una madre ve siempre el lado bueno de sus hijos, sin importarle lo que hagan.

LA GRAN COMPASIÓN

La gran compasión es el deseo espontáneo de liberar a todos los seres del sufrimiento del samsara. Si después de generar amor afectivo hacia todos los seres contemplamos cómo están atrapados en el samsara soportando problemas sin cesar, sentiremos una profunda compasión por ellos con facilidad. Si recordamos la descripción de los siete tipos de sufrimiento que se presenta en la meditación de la renuncia, desde el nacimiento hasta el no poder satisfacer nuestros deseos, y los aplicamos a los demás seres sintientes, reconoceremos que padecen terribles sufrimientos. Hemos de contemplar estos razonamientos hasta que sintamos una profunda compasión por todos los seres sintientes. A continuación, meditamos en este sentimiento sin distracciones.

BODHICHITA

Cuando hayamos generado una mente de gran compasión por todos los seres, hemos de pensar:

Aunque me he responsabilizado de liberar a todos los seres sintientes de su sufrimiento, ¿cómo voy a conseguirlo si no alcanzo antes la iluminación? Solo los Budas tienen poder para proteger a todos los seres y proporcionarles verdadera felicidad. Por lo tanto, para colmar mi aspiración de liberar a los demás seres del sufrimiento, he de alcanzar la iluminación.

Debemos reflexionar de este modo una y otra vez hasta que logremos mantener esta determinación día y noche. Entonces, habremos logrado la verdadera realización de la bodhichita y nos habremos convertido en un Bodhisatva, en un hijo o hija de los Budas. El deseo de alcanzar la iluminación por el beneficio de todos los seres se denomina *bodhichita aspirante*, y si después de generar esta mente hacemos la promesa sincera de seguir el modo de vida del Bodhisatva practicando las seis perfecciones, se convertirá en la *bodhichita comprometida*.

El modo de vida del Bodhisatva

Para adoptar el modo de vida del Bodhisatva, hemos de cultivar las seis perfecciones: generosidad, disciplina moral, paciencia, esfuerzo, concentración y sabiduría. Las seis perfecciones son caminos que nos conducen hacia la Budeidad. Si deseamos alcanzar la iluminación pero no practicamos estas virtudes, seremos como aquel que quiere trasladarse a un lugar pero nunca emprende el viaje. El Bodhisatva tiene dos tareas principales: beneficiar a los demás de forma inmediata y alcanzar la iluminación para poder beneficiarlos también en el futuro. Estas dos tareas se realizan con la práctica de las seis perfecciones, que se presenta a continuación.

LA PERFECCIÓN DE LA GENEROSIDAD

La generosidad es la decisión mental virtuosa de dar, o la acción física o verbal de dar, motivada por un estado mental virtuoso. Si se practica con la motivación de bodhichita, se convierte en la perfección de la generosidad. Hay tres clases de generosidad:

1. Dar ayuda material.
2. Dar Dharma.
3. Dar protección.

Dar ayuda material

Para adiestrarnos en dar ayuda material, primero contemplamos las desventajas de la avaricia y los beneficios de la generosidad, y luego ponemos en práctica esta virtud. En

Buda Rey de la Bandera de la Victoria

Buda Ser Glorioso,
Subyugador Completo

Buda Gran
Vencedor en Batalla

el *Sutra conciso de la perfección de la sabiduría*, Buda dice que la avaricia conduce a la pobreza y que, como resultado, renaceremos como un espíritu ávido. Incluso en esta misma vida, nos causa mucho sufrimiento. La avaricia es una mente ofuscada e insatisfecha que nos aísla de los demás y nos hace ganar su enemistad. En cambio, la generosidad es una mente gozosa gracias a la cual poseeremos abundantes riquezas y recursos materiales en el futuro.

No hay razón para aferrarnos a nuestras posesiones porque solo adquieren significado cuando las utilizamos para regalarlas y beneficiar a los demás. Puesto que en el momento de la muerte hemos de separarnos de nuestras posesiones aunque no lo deseemos, es mejor darlas en vida porque de esta manera sacaremos algún provecho de haberlas poseído. Además, si al morir sentimos un fuerte apego por nuestras posesiones, nos resultará difícil abandonar este mundo con serenidad y lograr un renacimiento afortunado.

Cuando nos vamos de vacaciones, nos aseguramos de llevar dinero suficiente, pero es más importante que en nuestro viaje a las vidas futuras tengamos méritos que nos permitan disponer de los recursos necesarios. Nuestra práctica de la generosidad es el mejor seguro para evitar la pobreza en el futuro.

Debemos dar nuestras posesiones en el momento adecuado, es decir, cuando no obstaculice nuestra práctica espiritual o ponga en peligro nuestra vida y cuando el destinatario vaya a beneficiarse de nuestra acción. En caso contrario, no debemos ofrecer nuestros bienes aunque nos lo pidan. Por ejemplo, si al hacer un regalo vamos a causar más daño que beneficio, es mejor no hacerlo. Debemos tener en cuenta cómo va a afectar nuestra acción a la persona que es objeto de nuestra generosidad, y también a otros seres. Además, hemos de conservar los objetos necesarios para nuestro adiestramiento en el Dharma. Si los regalamos, perjudicaremos a los demás de manera indirecta al obstaculizar nuestro progreso hacia la iluminación.

Hemos de dedicar mentalmente nuestras posesiones para el beneficio de los demás, pero solo debemos darlas en el momento oportuno. Esta manera hábil de pensar es, en sí misma, una forma de dar. Por ejemplo, las organizaciones benéficas no utilizan de inmediato todo el dinero que reciben, sino que guardan una parte para casos de emergencia. No se consideran dueños de ese dinero, sino que lo guardan para ayudar a los demás en momentos de verdadera necesidad. Si pensamos de este modo con respecto a nuestras posesiones, estaremos siempre practicando la generosidad.

La cantidad de méritos que acumulamos con la práctica de dar depende de diferentes factores, entre los cuales está el propio valor del regalo y la naturaleza del que lo recibe. Hay tres clases de seres con quienes acumulamos más méritos al practicar la generosidad: los seres sagrados, como nuestro Guía Espiritual, los Budas y Bodhisatvas; aquellos que han sido bondadosos con nosotros, como nuestros padres; y los necesitados, como los pobres, enfermos e incapacitados. Otro factor importante es nuestra motivación. Se acumulan más méritos dando unas migajas de pan a los pájaros con una motivación de compasión pura que regalando un anillo de diamantes a un amigo con apego. La mejor motivación es, por supuesto, la bodhichita, porque la virtud creada al actuar con ella es ilimitada.

Dar Dharma

Existen numerosas maneras de dar Dharma. Cuando damos un solo consejo espiritual con una buena motivación, ya estamos practicando esta virtud. Dar consejos espirituales es mejor que ofrecer ayuda material porque esta solo beneficia en esta vida, mientras que el Dharma lo hace tanto en esta vida como en las futuras. También podemos ofrecer Dharma dedicando nuestros méritos para que todos los seres disfruten de paz y felicidad o susurrando mantras al oído de los animales.

Dar protección

Esta forma de generosidad consiste en proteger a los seres del peligro, por ejemplo, rescatando a una persona de un incendio, ayudando a los damnificados en desastres naturales o a alguien que esté sufriendo malos tratos, o salvando a algún animal que se esté ahogando en el agua o que haya caído en una trampa. Si no tenemos la oportunidad de rescatar a seres en peligro, podemos dedicar los méritos acumulados con nuestras oraciones y ofrendas para se salven. También podemos practicar la generosidad de dar protección rezando para que los demás se liberen de sus perturbaciones mentales, sobre todo del aferramiento propio, el origen de todos nuestros temores.

LA PERFECCIÓN DE LA DISCIPLINA MORAL

La disciplina moral es la resolución virtuosa de abandonar cualquier falta o la acción física o verbal motivada por esta resolución. Si se practica con la motivación de bodhichita, se convierte en la perfección de la disciplina moral. Hay tres clases de disciplina moral:

1. La disciplina moral de la abstención.
2. La disciplina moral de acumular Dharmas virtuosos.
3. La disciplina moral de beneficiar a los seres sintientes.

La disciplina moral de la abstención

Esta disciplina moral consiste en dejar de cometer acciones perjudiciales. Para practicarla, debemos reconocer las consecuencias de cometer este tipo de acciones, hacer la promesa o tomar el voto de abandonarlas y cumplir nuestra palabra. Por lo tanto, si de manera inconsciente no cometemos acciones perjudiciales, no estamos practicando la disciplina moral de la abstención porque no hemos tomado la determinación de dejar de cometerlas.

La disciplina moral de la abstención incluye toda conducta moral que nos ayuda a evitar las acciones físicas, verbales y mentales perjudiciales. Si, por ejemplo, conocemos las consecuencias de las diez acciones perjudiciales, prometemos no volverlas a cometer y cumplimos nuestra promesa, estamos practicando la disciplina moral de la abstención.

En ocasiones, podemos tomar los votos nosotros mismos, reconociendo las malas consecuencias de las acciones que deseamos abandonar y prometiendo evitarlas durante cierto tiempo. Incluso si hacemos la promesa de no cometer una sola acción perjudicial durante unos días, por ejemplo, dejar de matar durante una semana, y la cumplimos, ya estamos practicando la moralidad de la abstención. Sin embargo, a medida que aumente nuestra capacidad, debemos ir incrementando la duración de nuestra abstención y prometer también abandonar otras acciones indebidas. Cuando consideremos que estamos preparados, podemos recibir votos especiales de nuestro Guía Espiritual, como los votos del refugio, de ordenación, del Bodhisatva o los tántricos. Los votos del refugio se presentan en el apéndice 1 del presente libro, y los del Bodhisatva, en la obra titulada *El voto del Bodhisatva*.

Para practicar la disciplina moral, hemos de utilizar la retentiva mental, la vigilancia y la recta conducta. La retentiva mental o memoria impide que nos olvidemos de los votos, la vigilancia examina la mente y nos avisa de cuándo van a surgir los engaños, y la recta conducta nos protege de ellos y de todo lo que es perjudicial. Por ejemplo, es posible que nos encontremos en una situación, como en una fiesta, en la que resulte fácil romper el voto del Bodhisatva de no alabarse a uno mismo y criticar a los demás. No obstante, si recordamos en todo momento que hemos prometido no cometer esta acción perjudicial, no correremos el riesgo de hacerlo. De igual modo, si mantenemos la vigilancia mental, podremos reconocer engaños, como el orgullo o la envidia, en cuanto aparezcan y aplicar la recta conducta para eliminarlos.

Si tomamos los votos del Bodhisatva, debemos intentar mantenerlos en todo momento hasta que alcancemos la iluminación. Para lograr nuestro deseo de alcanzar el estado de la Budeidad con rapidez por el beneficio de todos los seres, debemos eliminar nuestras faltas lo antes posible. El objeto principal que el Bodhisatva ha de abandonar es la intención de trabajar solo por su propio beneficio. El Bodhisatva reconoce con claridad los peligros de la estimación propia, de considerarse uno mismo de suprema importancia, y comprende que esta mente egoísta constituye el obstáculo principal para generar la bodhichita y alcanzar la iluminación. En el *Sutra conciso de la perfección de la sabiduría* se dice que la disciplina moral del Bodhisatva no degenera aunque disfrute de formas hermosas, sonidos melodiosos, sabores exquisitos y otros objetos de los sentidos, pero si se preocupa solo por su propio bienestar, degenera no solo su moralidad, sino también su bodhichita. Si generamos la bodhichita y luego aspiramos a lograr solo nuestra propia liberación, estamos rompiendo uno de los votos raíz del Bodhisatva, además de la disciplina moral de la abstención.

Las acciones realizadas con la motivación de bodhichita son virtuosas porque esta preciosa mente elimina la estimación propia, el origen de todas las acciones perjudiciales. Incluso si un Bodhisatva mata a otro ser, su acción nunca es perjudicial porque la realiza con el único objetivo de beneficiar a los demás. Aunque otros condenen sus acciones, los Bodhisatvas no crean karma destructivo porque su bodhichita garantiza la pureza de sus obras. Ilustrémoslo con un ejemplo extraído de una de las vidas previas de Buda Shakyamuni, cuando era un Bodhisatva. En aquel tiempo, era el capitán de un navío que transportaba a quinientos mercaderes. Con su poder de clarividencia, vio que uno de ellos planeaba asesinar a los demás. Sabiendo que como resultado de esta acción el mercader iba a renacer en los infiernos, sintió compasión por él y sus futuras víctimas. Entonces, decidió aceptar él mismo el karma destructivo de matar antes que permitir que perdieran la vida tantas personas, y con la motivación pura de bodhichita mató al peligroso mercader. De este modo, evitó que renaciera en los infiernos y salvó la vida a los demás mercaderes. Como resultado de esta acción, el Bodhisatva hizo un gran progreso en su camino espiritual.

La disciplina moral de acumular Dharmas virtuosos

Practicamos esta disciplina moral cuando realizamos con sinceridad cualquier acción virtuosa, como mantener con pureza los votos del Bodhisatva, practicar las seis perfecciones, hacer ofrecimientos a las Tres Joyas o estudiar o enseñar el sagrado Dharma o meditar en él.

La disciplina moral de beneficiar a los seres sintientes

Es la disciplina moral de ayudar a los demás en todo lo posible. Si no podemos hacerlo de manera directa, al menos, debemos rezar por ellos y mantener en todo momento la intención de ayudarlos en cuanto surja la oportunidad. Para aprender a practicar esta clase de moralidad, debemos estudiar las instrucciones sobre las últimas once caídas secundarias de los votos del Bodhisatva que se presentan en el libro El voto del Bodhisatva.

Si deseamos ayudar a una persona, hemos de hacerlo con tacto y delicadeza. Debemos comprender lo que siente y tener en cuenta sus puntos de vista para que pueda aceptar nuestra ayuda. No podemos ayudar a los demás rechazando sus principios y creencias o ignorando sus circunstancias personales. Hemos de comportarnos de manera que la otra persona se sienta a gusto con nosotros. En lugar de imponer nuestros principios morales y juzgar a quienes no los cumplen, debemos actuar del modo que produzca mejor resultado y ser flexibles en nuestros pensamientos y acciones.

Puesto que los Bodhisatvas poseen gran compasión, hacen todo lo posible por ayudar a los demás. Desean hacerles felices porque cuando una persona está contenta, su mente es más receptiva y está más predispuesta a recibir consejos y a dejarse influir por el buen ejemplo. Para ayudar a los demás, no debemos discutir con ellos ni hacer que se sientan incómodos.

La delicadeza y el tacto que un Bodhisatva necesita para ayudar a los demás quedan bien ilustrados con una historia extraída de la vida del gran maestro tibetano Gueshe Langri Tangpa. Una mujer dio a luz a una niña, pero tenía miedo de que muriera porque anteriormente ya había perdido un hijo. La mujer fue a pedirle consejo a su madre, quien le dijo que si dejaba la niña al cuidado de Gueshe Langri Tangpa, él la cuidaría y no moriría. Más tarde, la pequeña enfermó y la madre fue a visitar a Gueshe Langri Tangpa, pero cuando llegó, el maestro estaba impartiendo enseñanzas ante una audiencia de unos mil discípulos. La mujer empezó a preocuparse de que su bebé fuese a morir antes de que el discurso terminara. Sabía que Gueshe Langri Tangpa era un Bodhisatva y que tendría paciencia con ella, por lo que se acercó al trono y, en voz alta y desafiante, le dijo: «¡Aquí está tu hija, ocúpate de ella!». Se dio la vuelta y dijo a la audiencia: «Él es el padre de la niña». Luego, volviendo a dirigirse a Gueshe Langri Tangpa, le rogó con dulzura: «Por favor, no dejes morir a mi niña». Entonces, Gueshe Langri Tangpa inclinó la cabeza en señal de aceptación y, como si fuera en realidad el padre de la criatura, la arropó entre sus hábitos y continuó su discurso. Sus discípulos, atónitos, le preguntaron: «¿Eres de verdad el padre de esta niña?». Sabiendo que si lo negaba pensarían que la mujer estaba loca y la pondrían en ridículo, Gueshe Langri Tangpa asintió.

A pesar de su condición de monje, Gueshe Langri Tangpa se comportó como un verdadero padre con la niña, disfrutando con ella y cuidándola con cariño. Después de cierto tiempo, la madre volvió para ver a su hija. Al comprobar lo bien que se encontraba, le preguntó a Gueshe Langri Tangpa si podía llevársela con ella. Entonces, el Gueshe le devolvió la niña. Cuando los discípulos se dieron cuenta de lo que había ocurrido, exclamaron: «¡Al final resulta que tú no eres el padre!», y Gueshe Langri Tangpa contestó: «No, no lo soy». De este modo, Gueshe Langri Tangpa trató a la mujer con compasión y actuó según las necesidades de la situación.

LA PERFECCIÓN DE LA PACIENCIA

La paciencia es la mente virtuosa que es capaz de aceptar el daño, el sufrimiento o el Dharma profundo. Si se practica con la motivación de bodhichita, se convierte en la perfección de la paciencia.

Debemos cultivar la paciencia aunque no tengamos interés en el camino espiritual, porque sin ella seremos vulnerables a la ansiedad, la frustración y el desasosiego. Sin paciencia, no podemos mantener relaciones armoniosas con los demás.

La paciencia es el oponente del odio, el destructor más poderoso de la virtud. Sabemos por propia experiencia los innumerables problemas que ocasiona el odio. Nos impide percibir las situaciones con claridad y nos hace actuar de manera lamentable. El odio destruye nuestra paz mental y perturba a los que nos rodean. Hasta nuestros amigos se alejan de nosotros cuando nos ven enfadados. El odio nos hace despreciar o insultar a nuestros propios padres y, cuando es muy intenso, nos puede conducir incluso al suicidio o a matar a nuestros seres queridos.

A menudo nos enfadamos por motivos insignificantes, como un comentario que nos resulta desagradable, ser testigos de una conducta irritante o tener expectativas y deseos insatisfechos. A partir de un pequeño incidente, nuestro odio crea una elaborada fantasía, exagerando el aspecto desagradable de la situación y proporcionándonos razonamientos para justificar nuestra decepción, ira o resentimiento. Nos obliga a hablar y actuar de manera perjudicial, ofendiendo a los demás y convirtiendo pequeñas dificultades en grandes problemas.

Si alguien nos preguntara: «¿Quién es el culpable de todas las guerras en las que mueren tantas personas?», deberíamos responder que son las mentes dominadas por el odio. Si todos los países estuvieran habitados por personas pacíficas, que estimasen la paz, ¿cómo podrían estallar las guerras? El odio es nuestro peor enemigo. Nos ha perjudicado en el pasado, lo hace en la actualidad y si no lo eliminamos con la práctica de la paciencia, lo seguirá haciendo en el futuro. Shantideva dice:

«Este enemigo del odio solo sirve para perjudicarme».

Los enemigos externos no nos dañan con tanta rapidez ni de maneras tan sutiles como lo hace el odio, y si tenemos paciencia con ellos, podemos conseguir que incluso cambien de opinión y se conviertan en nuestros amigos; pero si nos reconciliamos con esta perturbación mental, se aprovechará de nosotros y nos perjudicará aún más. Los enemigos externos pueden dañarnos solo en esta vida, pero el odio lo seguirá haciendo durante innumerables vidas futuras. Por consiguiente, debemos eliminar el odio en cuanto surja en nuestra mente, porque, de lo contrario, se convertirá en un fuego insaciable que consumirá nuestros méritos.

En cambio, la paciencia nos ayuda tanto en esta vida como en las futuras. Shantideva dice:

«No hay peor maldad que el odio
ni mejor virtud que la paciencia».

Con paciencia podemos aceptar cualquier dificultad y daño provocado por los demás, y soportar los problemas cotidianos y contratiempos. Si somos pacientes, no nos enfadamos por nada y evitamos numerosos problemas.

Con esta virtud mantenemos la paz interior necesaria para alcanzar realizaciones espirituales. Chandrakirti dice que si practicamos la paciencia, en el futuro disfrutaremos de una forma hermosa y nos convertiremos en un ser puro con elevadas realizaciones.

Hay tres clases de paciencia:

1. La paciencia de no vengarse.
2. La paciencia de aceptar voluntariamente el sufrimiento.
3. La paciencia de pensar definitivamente sobre el Dharma.

La paciencia de no vengarse

Para practicar esta clase de paciencia hemos de ser conscientes en todo momento de los inconvenientes del odio y de los beneficios de aceptar las adversidades y el dolor. Además, cuando el odio esté a punto de manifestarse, debemos aplicar de inmediato los métodos correctos para eliminarlo. Primero hemos de aceptar pequeñas molestias, como alteraciones en nuestra rutina o las críticas de los demás, y luego ir poco a poco mejorando nuestra paciencia hasta que podamos afrontar grandes dificultades sin enfadarnos.

Cuando meditamos sobre la paciencia, podemos utilizar diferentes razonamientos para abandonar nuestros deseos de venganza. Por ejemplo, podemos pensar que si alguien nos pegara con un palo, sería absurdo enfadarnos con este objeto porque en sí mismo carece de voluntad propia al ser manipulado por el agresor. De igual manera, si una persona nos insulta, no debemos enfadarnos con ella porque sabemos que está bajo el control de su mente perturbada y no actúa con libertad. También podemos pensar que al igual que un médico no se enfadaría con un paciente con fiebre que lo insultara, nosotros tampoco debemos enfadarnos cuando los seres ofuscados por los engaños nos perjudican.

En *El camino gozoso de buena fortuna* y en *Tesoro de contemplación* pueden encontrarse más razonamientos similares.

La razón principal por la que los demás nos perjudican es que en el pasado hemos hecho lo mismo con ellos. Las personas que nos dañan no son más que las condiciones necesarias para que madure nuestro karma. La verdadera causa de nuestros sufrimientos es nuestro propio karma destructivo. Si en circunstancias adversas recurrimos a la venganza, cometeremos más acciones perjudiciales y en el futuro experimentaremos de nuevo los mismos problemas. No obstante, si aceptamos con paciencia el daño recibido, romperemos este círculo vicioso y pagaremos nuestras deudas kármicas.

La paciencia de aceptar voluntariamente el sufrimiento

Si carecemos de esta clase de paciencia, nos desanimaremos cuando tengamos obstáculos y no se cumplan nuestros deseos. La razón por la que no completamos nuestras tareas es que en cuanto se vuelven difíciles, perdemos la paciencia y las abandonamos. No obstante, si tenemos un buen motivo para ello, somos capaces de tolerar el dolor, y si practicamos este tipo de paciencia, podemos incluso reducir su intensidad. Por ejemplo, si alguien nos clavara una aguja en el muslo, el dolor nos parecería insoportable, pero si nos fueran a poner una vacuna, nuestra capacidad para soportar el dolor aumentaría.

Hay personas a las que no les importa sufrir adversidades si con ello logran sus objetivos; los hombres de negocios sacrifican sus momentos de ocio para conseguir dinero y los soldados se exponen a peligros extremos para matar a sus enemigos. Por lo tanto, con mayor razón nosotros deberíamos aceptar las dificultades que encontremos en nuestro camino hacia la meta suprema, el logro de la iluminación por el beneficio de todos los seres sintientes. Debido a que estamos atrapados en el samsara, a menudo nos encontramos con circunstancias desfavorables. Sin embargo, con la paciencia de aceptar voluntariamente el sufrimiento podemos transformarlas de manera constructiva. Cuando nuestros deseos queden insatisfechos, caigamos enfermos, perdamos a un ser querido o tengamos dificultades, no debemos desanimarnos, sino utilizar el sufrimiento para mejorar nuestra práctica espiritual. Podemos recordar que nuestro sufrimiento es el resultado del karma destructivo que creamos en el pasado, lo que nos ayudará a mantener una moralidad pura; o podemos pensar que mientras permanezcamos en el samsara, el sufrimiento es inevitable, lo cual intensificará nuestro deseo de escapar de él; también podemos utilizar nuestro propio sufrimiento para comprender la situación en la que se encuentran otros seres e incrementar así nuestra compasión.

Si aceptamos las adversidades, obtendremos grandes beneficios, nuestro sufrimiento disminuirá y colmaremos nuestros deseos temporales y últimos. Así pues, el sufrimiento no debe considerarse como un obstáculo para el desarrollo espiritual, sino como una ayuda indispensable. Shantideva dice:

«Además, el sufrimiento posee buenas cualidades.
Gracias al dolor, el orgullo desaparece,
nace la compasión por los que están atrapados en el
 samsara,
se evita el mal y se practica la virtud con alegría».

La paciencia de pensar definitivamente sobre el Dharma

Cuando escuchamos enseñanzas de Dharma, contemplamos su significado o meditamos en ellas con entusiasmo para adquirir una experiencia especial, estamos practicando la paciencia de pensar definitivamente sobre el Dharma. Este tipo de paciencia es muy importante porque el desasosiego al adiestrarnos en el Dharma puede convertirse en un obstáculo para nuestro progreso espiritual e impedir que incrementemos nuestra sabiduría. Aunque algunos aspectos de nuestra práctica nos resulten difíciles, debemos esforzarnos por adiestrarnos en ellos con alegría.

LA PERFECCIÓN DEL ESFUERZO

El esfuerzo es la mente que se deleita en la virtud. Si se practica con la motivación de bodhichita, se convierte en la perfección del esfuerzo. El esfuerzo no va separado de otras acciones virtuosas, sino que las acompaña. Lo practicamos cuando nos adiestramos en la meditación o estudiamos el Dharma, o cuando nos esforzamos por alcanzar realizaciones espirituales o ayudar a los demás. En cambio, nuestro esfuerzo por efectuar actividades neutras o perjudiciales no forma parte de la práctica del esfuerzo.

Con esfuerzo podemos lograr tanto la felicidad mundana como la supramundana, pues nos permite completar obras virtuosas que son la causa de renacer en los reinos afortunados y de alcanzar la liberación y la iluminación. Con esfuerzo podemos purificar nuestras faltas y adquirir buenas cualidades, pero sin él, aunque poseamos una gran sabiduría, no podemos completar nuestro adiestramiento espiritual.

Para aplicar el esfuerzo hemos de superar tres tipos de pereza: la postergación, la atracción por lo que no tiene sentido o es perjudicial y el desánimo. La postergación es la falta de disposición o la resistencia a esforzarnos en la práctica espiritual. Por ejemplo, aunque tenemos cierto interés en el Dharma y la intención de ponerlo en práctica, pensamos que será mejor hacerlo más adelante, después de unas vacaciones, cuando nuestros hijos sean mayores o nos jubilemos. Esta manera de pensar es errónea porque la oportunidad de adiestrarnos en el Dharma se pierde con facilidad y la muerte puede sorprendernos en cualquier momento. Además, cuando terminemos las tareas que ahora estamos realizando, surgirán muchas otras. Las actividades mundanas son como la barba de un anciano, que aunque se afeite por la mañana, por la tarde ha vuelto a crecer. Por lo tanto, debemos abandonar la postergación y comenzar a practicar el Dharma de inmediato. El mejor remedio contra la pereza de la postergación es meditar en nuestro precioso renacimiento humano, y también en la muerte y la impermanencia.

La mayoría de las personas conocemos bien el segundo tipo de pereza. Caemos bajo su influencia cuando vemos la televisión durante horas y horas, entablamos largas conversaciones sin sentido o hacemos deporte o negocios por el mero placer que nos proporcionan. Estas actividades agotan la energía que necesitamos para practicar el Dharma. Aunque nos parezcan placenteras, nos roban nuestra preciosa existencia humana y la oportunidad de alcanzar la felicidad verdadera. Para eliminar este tipo de pereza, hemos de meditar una y otra vez sobre los sufrimientos del samsara, recordando que las distracciones mundanas son engañosas porque nos atan a la existencia cíclica y nos causan más sufrimiento.

La pereza del desánimo es muy común en estos tiempos de degeneración. Puesto que no podemos percibir de manera directa ejemplos vivos de seres iluminados y nuestro progreso espiritual es a menudo más lento de lo que esperamos, es posible que abriguemos dudas sobre nuestra capacidad para alcanzar la Budeidad o que nos parezca una meta demasiado elevada. Quizás encontremos faltas en nuestro Guía Espiritual y en los practicantes de Dharma, y lleguemos a la conclusión de que no tienen realizaciones y de que es una pérdida de tiempo esforzarse por realizar actividades espirituales. Si nos damos cuenta de que nos desanimamos de este modo, hemos de recordar que todas las apariencias en la mente de los seres ordinarios son incorrectas porque están contaminadas por la ignorancia. Cuando eliminemos la ignorancia por medio de la práctica sincera del Dharma y tengamos una mente pura, sin lugar a dudas percibiremos con claridad a los seres sagrados, como los Budas.

Si intentamos alcanzar elevadas realizaciones antes de comprender los temas más básicos, nos desanimaremos al no conseguir resultados. Hemos de tener en cuenta que hasta las realizaciones más elevadas comienzan con pequeños logros y aprender a valorar las experiencias de Dharma que hayamos adquirido, aunque nos parezcan insignificantes. Es posible que nuestra actitud hacia los demás sea más imparcial, que seamos más tolerantes y menos orgullosos o que nuestra fe sea más firme. Estos pequeños progresos son las semillas que se irán convirtiendo en elevadas realizaciones y, por consiguiente, hemos de apreciarlas. No debemos esperar grandes cambios de inmediato. Todos poseemos la naturaleza de Buda, el potencial de alcanzar la gran iluminación, y si ahora que hemos encontrado las instrucciones perfectas del camino mahayana practicamos de manera constante, no hay duda de que alcanzaremos la iluminación sin demasiadas dificultades. Por lo tanto, no hay razón para desanimarnos.

Hay tres clases de esfuerzo: el esfuerzo semejante a una armadura –la firme resolución de completar acciones virtuosas–, el esfuerzo de acumular Dharmas virtuosos –nuestro adiestramiento para lograr realizaciones de Dharma–, y el esfuerzo de beneficiar a los demás –el que empleamos para beneficiar a otros seres sintientes–.

Hemos de aplicar nuestro esfuerzo con destreza. Algunas personas comienzan sus prácticas con mucho entusiasmo, pero al no lograr los resultados que esperaban, las abandonan. Su esfuerzo es como la cascada producida por una tormenta, que en poco tiempo arroja grandes cantidades de agua, pero luego se seca con rapidez. Nuestro esfuerzo no debería ser así. Al principio de nuestro adiestramiento hemos de tomar la firme decisión de perseverar en él hasta que alcancemos la Budeidad, sin importar el tiempo que vayamos a necesitar, aunque sean numerosas vidas. Entonces, debemos practicar con un esfuerzo firme y continuo, como el agua de un río, que fluye día y noche, año tras año.

Buda Ser Glorioso, Subyugador
Completo que ha Pasado al Más Allá

Buda Gloriosa Gala
que lo Ilumina Todo

Buda Gema de Loto,
Gran Subyugador

Cuando estemos cansados, hemos de hacer un descanso antes de continuar. Si insistimos en esforzarnos más allá de nuestra capacidad, acabaremos enfermos y sintiendo rechazo por la práctica. El adiestramiento en el Dharma debe ser una tarea gozosa. Se dice que en nuestra práctica espiritual hemos de ser como los niños, que disfrutan jugando y no se distraen por nada.

LA PERFECCIÓN DE LA CONCENTRACIÓN

La concentración es una mente cuya naturaleza es permanecer fija de manera convergente en un objeto virtuoso y cuya función es impedir las distracciones. Si se practica con la motivación de bodhichita, se convierte en la perfección de la concentración.

En el caso de los seres ordinarios, la concentración se produce gracias a la percepción mental. Nuestras percepciones sensoriales pueden observar y permanecer de manera convergente en sus objetos, pero no por ello son concentraciones. Por ejemplo, cuando con la percepción visual miramos fijamente una vela o con la percepción auditiva escuchamos una melodía, no estamos practicando la concentración. Para mejorar nuestra concentración y avanzar a lo largo de los nueve niveles de permanencia mental hasta lograr la permanencia apacible, nuestra mente debe recogerse en sí misma y permanecer fija en su objeto de manera convergente. Para ello, debemos concentrarnos en la imagen genérica del objeto, que aparece ante la percepción mental. Poco a poco, al aumentar el poder de nuestra concentración, la imagen genérica se irá desvaneciendo hasta que percibamos el objeto de manera directa.

El adiestramiento en la concentración nos proporciona innumerables beneficios. Cuando la mente se calma gracias al poder de la concentración, se vuelve más lúcida y las perturbaciones mentales se pacifican. De momento, nuestra mente es rebelde y se niega a cooperar con nuestras intenciones virtuosas, pero la concentración elimina la tensión de nuestro cuerpo y de nuestra mente y los vuelve flexibles, cómodos y fáciles de manejar. Una mente distraída no puede familiarizarse con su objeto lo suficiente como para inducir realizaciones espontáneas, porque la persona siente como si hubiera una gran distancia entre su mente y el objeto de meditación. Sin embargo, una mente concentrada penetra en el objeto, se mezcla con él y, como resultado, alcanza con rapidez las realizaciones de las etapas del camino.

La concentración puede utilizarse para fines mundanos o supramundanos. Los niveles más elevados del samsara se alcanzan desarrollando la mente con la práctica de la concentración. En el samsara existen tres reinos, el reino del deseo, el de la forma y el inmaterial. El reino del deseo se divide, a su vez, en los tres reinos inferiores, el reino de los humanos, el de los semidioses y el nivel más bajo de los dioses. Además, el reino de los dioses tiene tres niveles: el del reino del deseo, el del reino de la forma y el del reino inmaterial. El único modo de lograr un renacimiento como un dios del reino de la forma o del reino inmaterial es adiestrándonos en la concentración.

Una vez que el meditador haya alcanzado la permanencia apacible, si lo desea, puede renacer en el reino de la forma o en el inmaterial. Para ello, comienza contemplando la naturaleza burda y dolorosa del reino del deseo y la relativa paz y pureza del reino de la forma. Poco a poco, va abandonando las perturbaciones mentales pertenecientes al reino del deseo –sobre todo el deseo sensual y todas las clases de odio– y, como resultado, en su siguiente vida renace como un dios del reino de la forma. Si el meditador continúa perfeccionando su mente, irá ascendiendo a niveles de concentración cada vez más sutiles y, finalmente, alcanzará la concentración de la cumbre del samsara. Con esta concentración puede renacer en ese lugar, el nivel más elevado del reino inmaterial, alcanzando así el mayor logro dentro del samsara. Este tipo de renacimiento se consigue gracias al poder de la concentración, sin necesidad de cultivar la sabiduría que realiza la vacuidad. Algunas personas no budistas confunden este estado con la verdadera liberación, pero en esta etapa, el meditador no ha eliminado aún las perturbaciones mentales muy sutiles, sino que solo ha suprimido las burdas de forma temporal y, por lo tanto, cuando estas vuelvan a surgir, descenderá de nuevo a los reinos inferiores.

La única manera de cortar el continuo del aferramiento propio, la raíz de todas las perturbaciones mentales, y de liberarnos por completo del samsara, es alcanzando una realización directa de la vacuidad. Por lo tanto, desde el principio debemos adiestrarnos en la permanencia apacible con las motivaciones de renuncia y de bodhichita, para poder eliminar así el aferramiento propio junto con sus impresiones y alcanzar la gran liberación.

En el pasado se podía alcanzar la permanencia apacible y las absorciones de los reinos de la forma y el inmaterial con facilidad. Hoy día, a medida que nuestros méritos disminuyen, las perturbaciones mentales se manifiestan con mayor intensidad y tenemos más distracciones, por lo que estos logros resultan más difíciles de alcanzar. Debemos prepararnos bien superando el apego y aceptando que es necesario practicar durante mucho tiempo con perseverancia para poder alcanzar niveles elevados de concentración.

Durante el adiestramiento en las concentraciones de los reinos de la forma y el inmaterial, conseguiremos clarividencias y otros poderes milagrosos. Aunque por sí mismos carecen de valor, el Bodhisatva puede utilizarlos para incrementar su capacidad de ayudar a los demás. Por ejemplo, aunque tengamos buenas intenciones, puede ocurrir que, al no saber lo que piensan los demás, juzguemos una situación de manera incorrecta y nuestras acciones resulten más perjudiciales que beneficiosas. Si logramos la clarividencia que conoce las mentes de los demás, podremos evitar este tipo de errores. Sin embargo, no debemos interesarnos en adquirir clarividencias y poderes milagrosos por beneficio propio. Si hemos tomado los votos del Bodhisatva, debemos tener un deseo sincero de mejorar nuestra concentración reconociendo que no es más que un instrumento para ayudar a los demás.

LA PERFECCIÓN DE LA SABIDURÍA

La sabiduría es la mente virtuosa cuya función principal es disipar la duda y la confusión por medio de la comprensión perfecta de su objeto. Si se practica con la motivación de bodhichita, se convierte en la perfección de la sabiduría.

La sabiduría no es lo mismo que la inteligencia mundana. Es posible tener inteligencia, pero carecer de sabiduría. Por ejemplo, los científicos que inventan armas de destrucción masiva son muy inteligentes desde el punto de vista mundano, pero, en realidad, carecen de sabiduría. Del mismo modo, hay personas que conocen infinidad de datos y son expertos en las más avanzadas tecnologías, pero no saben cómo mantener una mente apacible y llevar una vida virtuosa. Aunque estas personas pueden considerarse inteligentes, no poseen sabiduría.

La sabiduría es una clase especial de entendimiento que induce paz mental, ya que distingue con claridad lo que es virtuoso y debe practicarse de lo que no lo es y ha de evitarse. La sabiduría nos proporciona visión espiritual y sin ella las otras cinco perfecciones estarían ciegas y no podrían conducirnos al destino de la Budeidad.

La realización directa de la verdad última, la vacuidad, solo puede alcanzarse si la sabiduría está asociada a la permanencia apacible. Con una mente oscilante no podemos percibir un objeto sutil, como la vacuidad, con suficiente claridad como para aprehenderla de manera directa, al igual que no es posible leer un libro a la luz trémula de una llama expuesta al viento. El adiestramiento en la concentración es como proteger la mente del viento de las distracciones mentales, y la sabiduría, como la luz misma de la llama. Cuando reunimos estos dos factores, conseguimos una percepción clara y poderosa del objeto.

Después de haber logrado la permanencia apacible, hemos de esforzarnos por alcanzar la unión de la permanencia apacible y la visión superior que observa la vacuidad. La naturaleza de la visión superior es sabiduría. La permanencia apacible es una clase de concentración especial, y la visión superior, una sabiduría especial que surge a partir de la permanencia apacible. Cuando hayamos alcanzado la permanencia apacible, los pensamientos conceptuales no podrán interrumpir nuestra concentración, que será inalterable, como una gran montaña que el viento no puede mover. Con esta concentración tan estable podremos investigar nuestro objeto de meditación con mayor claridad. Si repetimos esta investigación una y otra vez, llegaremos a adquirir un conocimiento superior de la naturaleza del objeto. Esta sabiduría que tiene el poder de investigar induce una flexibilidad mental especial. La sabiduría dotada de esta flexibilidad es la visión superior.

El objeto principal de la visión superior es la vacuidad, la naturaleza última de los fenómenos. Todos los objetos tienen dos naturalezas: convencional y última. Nuestra mente, por ejemplo, tiene diversas características y funciones, como su claridad y su capacidad de conocer objetos, y estas constituyen su naturaleza convencional. Aunque la mente posee estas características particulares que la distinguen de otros fenómenos, no existe por su propio lado, independiente de todo lo demás. Esta carencia de existencia propia de la mente es su naturaleza última o vacuidad. Trataremos este tema con más detalle en el siguiente capítulo.

Cuando alcancemos por primera vez la visión superior que observa la vacuidad, nuestra realización será todavía conceptual; pero si continuamos meditando en la vacuidad con la unión de la permanencia apacible y la visión superior, eliminaremos su imagen genérica poco a poco hasta que finalmente la percibamos de manera directa sin el menor rastro conceptual. La sabiduría que realiza la vacuidad de manera directa tiene el poder de eliminar las perturbaciones mentales de la mente y, por lo tanto, es una verdad del camino que conduce a la liberación y a la iluminación.

Puesto que los Bodhisatvas desean alcanzar la iluminación lo antes posible, intentan acumular méritos con rapidez practicando cada una de las seis perfecciones combinadas con las demás. Por ejemplo, cuando los Bodhisatvas practican la generosidad, lo hacen sin esperar nada a cambio. De este modo, guardan sus votos del Bodhisatva y combinan la perfección de la generosidad con la de la disciplina moral. Al mismo tiempo, aceptan cualquier dificultad y evitan enfadarse si la persona que recibe el regalo no les muestra gratitud, combinando de esta manera la perfección de la generosidad con la de la paciencia. También practican la perfección de la generosidad con esfuerzo y alegría, y de este modo la combinan con la perfección del esfuerzo. Al dar, piensan de la siguiente manera: «¡Que este acto de generosidad ayude a esta persona a alcanzar la Budeidad!», y así la combinan con la perfección de la concentración. Además, cuando los Bodhisatvas practican la generosidad, reconocen que el donante, el regalo y la acción misma de dar carecen de existencia inherente, y de esta forma combinan la perfección de la generosidad con la de la sabiduría.

Cada una de las seis perfecciones puede practicarse de este modo, combinadas con las demás. Con estas acciones diestras y semejantes a una armadura, el Bodhisatva acelera la acumulación de méritos y sabiduría. Estas dos acumulaciones son la causa para alcanzar el Cuerpo de la Forma y el Cuerpo de la Verdad de un Buda, respectivamente. Debido a que el Bodhisatva realiza todas sus acciones con la motivación de bodhichita, dedica toda su vida a la práctica de las seis perfecciones.

La verdad última

La verdad última es la vacuidad. La vacuidad no es la nada, sino la carencia de existencia inherente. La mente de aferramiento propio proyecta de manera errónea una existencia inherente en los fenómenos. Todos los fenómenos aparecen en nuestra mente como si existieran de forma independiente, y como no reconocemos que esta apariencia es errónea, sucumbimos instintivamente ante ella y los aprehendemos como si existieran de forma inherente y verdadera. Esta es la razón por la que estamos atrapados en el samsara.

En la realización de la vacuidad hay dos etapas. La primera consiste en identificar con claridad el modo en que los fenómenos aparecen en nuestra mente, como si existieran de forma inherente, y cómo creemos con toda seguridad que esta apariencia es real. Este proceso se denomina *identificación del objeto de negación*. Para que nuestra comprensión de la vacuidad sea correcta, es importante que comencemos con una idea clara de lo que hemos de negar. La segunda etapa consiste en refutar el objeto de negación, es decir, probarnos a nosotros mismos por medio de razonamientos lógicos que en realidad no existe. De esta manera, conseguiremos percibir la ausencia o inexistencia del objeto de negación, su vacuidad.

Debido a que nos aferramos a nosotros mismos y a nuestro cuerpo con mayor intensidad que a otros objetos, debemos comenzar contemplando la vacuidad de estos dos fenómenos. Para ello, nos adiestramos en las dos meditaciones que se presentan a continuación: la meditación sobre la vacuidad del yo y la meditación sobre la vacuidad del cuerpo.

LA VACUIDAD DEL YO

Identificación del objeto de negación

Aunque nos aferramos en todo momento al yo como si existiera de forma inherente, incluso cuando dormimos, no es fácil reconocer cómo aparece en nuestra mente. Para identificarlo claramente, lo provocamos para que se manifieste con intensidad, contemplando situaciones en las que tenemos un sentido más fuerte del yo, como cuando nos sentimos avergonzados, turbados, atemorizados o indignados. Recordamos o imaginamos estas situaciones sin analizarlas ni juzgarlas, e intentamos percibir con claridad la imagen mental de este yo que aparece de manera espontánea y natural. Hemos de tener paciencia, puesto que es posible que necesitemos varias sesiones de meditación antes de conseguir percibirla con claridad. Llegará un momento en que nos daremos cuenta de que el yo parece algo concreto y real, que existe por su propio lado sin depender del cuerpo ni de la mente. Este yo que aparece tan vívido es el yo con existencia inherente al que tanto queremos. Es el yo que defendemos cuando nos critican y del cual nos enorgullecemos cuando nos alaban.

Después de imaginar cómo surge el yo en situaciones difíciles, intentamos identificar el modo en que se manifiesta normalmente. Por ejemplo, podemos observar cómo aparece en la mente el yo que ahora lee este libro. Comprobaremos que aunque en circunstancias normales no sentimos el yo de manera tan intensa, aún lo percibimos como si existiera de forma inherente, por su propio lado y sin depender del cuerpo ni de la mente.

Cuando tengamos la imagen de este yo inherente, nos concentramos en él durante un tiempo. A continuación seguimos con la segunda etapa de la meditación.

Refutación del objeto de negación

Si el yo existe de la manera en que aparece, ha de hacerlo de una de las cuatro formas siguientes: siendo el cuerpo, la mente, el conjunto del cuerpo y de la mente o algo separado de estos dos. No existe ninguna otra posibilidad. Reflexionamos sobre ello con detenimiento hasta que nos hayamos convencido de que es así. Entonces, examinamos cada una de estas cuatro posibilidades:

1. Si el yo fuera el cuerpo, no tendría sentido decir: «Mi cuerpo», porque el poseedor y lo poseído serían lo mismo.

   Si el yo fuera el cuerpo, no habría renacimientos porque el yo dejaría de existir cuando el cuerpo pereciese.

   Si el yo y el cuerpo fueran lo mismo, puesto que podemos tener fe, soñar, resolver problemas matemáticos, etcétera, se deduciría que nuestra carne, sangre y huesos podrían hacerlo también.

   Puesto que ninguna de estas hipótesis es cierta, queda claro que el yo no es el cuerpo.

2. Si el yo fuera la mente, no tendría sentido decir: «Mi mente», porque el poseedor y lo poseído serían lo mismo; pero, por lo general, cuando pensamos en nuestra mente, decimos: «Mi mente», lo cual indica con claridad que el yo no es la mente.

   Si el yo fuera la mente, puesto que cada persona tiene numerosos tipos de mentes, como las seis conciencias, mentes conceptuales y no conceptuales, etcétera, podría deducirse que cada persona posee tantos yoes como mentes; pero como esto es absurdo, podemos concluir que el yo no es la mente.

3. Puesto que ni el cuerpo ni la mente es el yo, el conjunto del cuerpo y la mente tampoco puede serlo. Si el conjunto del cuerpo y la mente es un conglome-

rado de objetos que no son el yo, ¿cómo puede este conjunto ser el yo? Por ejemplo, en un rebaño de ovejas no hay ningún animal que sea una vaca y, por consiguiente, el rebaño en sí no puede ser una vaca. De la misma manera, ninguno de los dos elementos que forman el conjunto del cuerpo y la mente es el yo, por lo que el conjunto en sí tampoco puede serlo.

Es posible que este razonamiento nos resulte difícil de comprender, pero si reflexionamos sobre él con detenimiento y calma y lo analizamos con otros practicantes que tengan más experiencia, poco a poco se irá aclarando. También es útil consultar libros autorizados sobre el tema, como *Corazón de la sabiduría*.

4. Si el yo no es el cuerpo ni la mente ni el conjunto de los dos, la única posibilidad que queda es que sea algo separado del cuerpo y de la mente. En ese caso, deberíamos ser capaces de aprehender el yo sin percibir el cuerpo o la mente; pero si imaginamos que estos dos desaparecen, no quedaría nada que pudiera denominarse *yo*. Por lo tanto, se deduce que el yo no es algo que exista separado del cuerpo y de la mente.

Imaginemos que nuestro cuerpo se disuelve de manera gradual en el aire. Luego nuestra mente se desvanece, los pensamientos se los lleva el viento, y nuestros sentimientos, deseos y consciencia también desaparecen. ¿Queda algo que sea el yo? Nada en absoluto. De este modo, reconocemos que el yo no es algo que exista separado del cuerpo y de la mente.

Tras haber examinado las cuatro posibilidades, no hemos conseguido encontrar el yo. Anteriormente decidimos que no había una quinta posibilidad, por lo tanto, concluimos que el yo con existencia inherente que por lo general aparece tan vívido no existe. Allí donde antes percibíamos el yo con existencia inherente, ahora solo encontramos su ausencia. Esta es su vacuidad, la falta de existencia inherente del yo.

Realizamos esta contemplación hasta que en nuestra mente aparezca la imagen de la ausencia del yo con existencia inherente. Esta imagen es nuestro objeto de meditación. Para familiarizarnos con él, nos concentramos en esta imagen sin distracciones.

Debido a que desde tiempo sin principio nos hemos aferrado a este yo inherente y lo hemos querido y protegido más que a ninguna otra cosa, la experiencia de no poder encontrarlo en meditación puede resultarnos desconcertante. Algunas personas se asustan porque creen que dejan de existir por completo y otras se alegran al comprobar que la causa de sus problemas desaparece. Ambas reacciones son señales de que nuestra meditación va por buen camino. Al cabo de cierto tiempo, estas reacciones iniciales disminuirán y nuestra meditación será más estable. Entonces podremos meditar en la vacuidad con más calma y control. Debemos dejar que la mente se absorba en el espacio infinito de la vacuidad durante tanto tiempo como podamos. Es importante recordar que el objeto de concentración es la vacuidad, la ausencia de un yo inherente, y no un mero vacío. De vez en cuando, debemos vigilar nuestra meditación. Si nuestra mente se desvía hacia otro objeto o perdemos el significado de la vacuidad y nos concentramos en una mera nada, debemos repetir las contemplaciones anteriores para volver a percibir la vacuidad con claridad.

Podemos pensar: «Si el yo con existencia inherente no existe, entonces, ¿quién está meditando? ¿Quién se va, al terminar esta sesión de meditación, a hablar con otras personas? ¿Quién contesta cuando pronuncian mi nombre?». El hecho de que no hay nada en el cuerpo o en la mente, o fuera de ellos, que sea el yo, no significa que este no exista en absoluto. Aunque el yo no existe de ninguna de las cuatro maneras mencionadas, sí lo hace convencionalmente. El yo no es más que una mera designación que la mente conceptual asigna al conjunto del cuerpo y la mente. Mientras estemos satisfechos con la mera designación *yo*, no hay ningún problema. Podemos pensar: «Yo existo», «Me voy a dar un paseo», etcétera. El problema surge cuando buscamos un yo distinto de la mera designación conceptual *yo*. La mente de autoaferramiento se aferra a un yo con existencia última, independiente de la designación conceptual, como si hubiera un verdadero yo encerrado en tal denominación. Si este yo existiera, deberíamos poder encontrarlo, pero aunque lo hemos intentado aplicando un análisis correcto, no lo hemos conseguido. La conclusión de esta búsqueda es que no es posible encontrar ese yo. Esta imposibilidad de encontrar el yo es su vacuidad o naturaleza última, y el yo que existe como una mera designación, su naturaleza convencional.

La vacuidad del cuerpo

Identificación del objeto de negación

El modo de meditar sobre la vacuidad del cuerpo es similar al del yo. Primero tenemos que identificar el objeto de negación.

Por lo general, cuando pensamos «Mi cuerpo», lo que aparece en nuestra mente es un cuerpo que existe por su propio lado, una entidad singular e independiente de sus partes. Este cuerpo es el objeto de negación y no existe. Los términos *cuerpo verdaderamente existente*, *cuerpo con existencia inherente* y *cuerpo que existe por su propio lado* son sinónimos.

Refutación del objeto de negación

Si el cuerpo existe tal y como lo percibimos, ha de hacerlo de una de las dos maneras siguientes: siendo lo mismo que sus partes o siendo algo separado de ellas. No hay ninguna otra posibilidad.

Si el cuerpo es lo mismo que sus partes, ¿es el cuerpo una de las partes individuales o el conjunto de ellas? Si es una de las partes, ¿cuál de ellas es? ¿Es las manos, la cabeza, la piel, el esqueleto, la carne o los órganos internos? Si analizamos cada posibilidad, ¿es la cabeza el cuerpo?, ¿es la carne el cuerpo?, etcétera, descubriremos con facilidad que ninguna de las partes del cuerpo es el cuerpo.

Si ninguna de las partes del cuerpo es el cuerpo, ¿lo es el conjunto de ellas? El conjunto de las partes del cuerpo no puede ser el cuerpo. ¿Por qué? Porque todas las partes del cuerpo son no cuerpos y, por lo tanto, ¿cómo es posible que un conjunto de no cuerpos sea un cuerpo? Las manos, los pies, etcétera, son partes del cuerpo, pero no el cuerpo mismo. Aunque todas estas partes estén unidas entre sí, siguen siendo única y exclusivamente partes del cuerpo y no pueden transformarse por arte de magia en el poseedor de las partes, el cuerpo mismo.

Si el cuerpo no es lo mismo que sus partes, la única posibilidad que queda es que sea algo separado de ellas; pero si todas las partes del cuerpo desaparecieran, no quedaría nada que pudiera llamarse *cuerpo*. Imaginemos que las partes de nuestro cuerpo se disuelven en luz y desaparecen. Primero lo hace la piel, luego la carne, la sangre y los órganos internos, y finalmente se desvanece el esqueleto. ¿Queda algo que sea el cuerpo? Nada. Por lo tanto, no existe un cuerpo separado de sus partes o independiente de ellas.

Hemos agotado todas las posibilidades de encontrar ese cuerpo. Las partes del cuerpo no son el cuerpo y este no es algo que exista independiente de sus partes. No podemos hallar el cuerpo. Allí donde percibíamos un cuerpo con existencia inherente, ahora percibimos su ausencia. Esta ausencia es su vacuidad, la carencia de un cuerpo de existencia inherente.

Cuando reconozcamos esta ausencia de un cuerpo con existencia inherente, meditamos en ella de manera convergente. Una vez más examinamos nuestra meditación con vigilancia mental para asegurarnos de que estamos meditando en la vacuidad del cuerpo y no en una mera nada. Si perdemos el objeto, el significado de la vacuidad, debemos repetir las contemplaciones anteriores para recuperarlo.

Como en el caso del yo, el hecho de que no podamos encontrar el cuerpo tras una investigación no significa que no exista en absoluto. El cuerpo existe, pero solo como una designación convencional. Según la norma convencional, podemos designar *cuerpo* sobre el conjunto de la cabeza, el tronco y las extremidades; pero si intentamos señalar el cuerpo esperando encontrar un fenómeno sustancialmente existente al que referirnos con la palabra *cuerpo*, no lo encontraremos. Esta imposibilidad de encontrar el cuerpo es su vacuidad, su naturaleza última, mientras que el cuerpo que existe como una mera designación es su naturaleza convencional.

Aunque el cuerpo no es el conjunto de la cabeza, el tronco y las extremidades, es correcto tomar este conjunto como base para designarlo. Las partes del cuerpo son una pluralidad y el cuerpo es una unidad singular. *El cuerpo* no es más que una mera designación de la mente que lo concibe y no existe por su propio lado. Además, es correcto designar un fenómeno singular sobre un grupo de objetos. Por ejemplo, podemos asignar la palabra singular *bosque* a un conjunto de árboles o *rebaño* a un grupo de ovejas.

Todos los fenómenos existen por convenio, nada existe de manera inherente. Esto es aplicable a la mente, a los Budas e incluso a la vacuidad misma. Todo es una mera designación de la mente. Todos los fenómenos tienen partes: los objetos materiales tienen partes físicas, y los inmateriales, atributos que pueden distinguirse conceptualmente. Si utilizamos el mismo tipo de razonamiento que se expuso anteriormente, comprobaremos que ningún fenómeno es lo mismo que sus partes o que el conjunto de ellas y que no existe separado de las mismas. De este modo, comprenderemos la vacuidad de todos los fenómenos.

Es de particular importancia que meditemos sobre la vacuidad de los objetos que nos provocan intensas perturbaciones mentales, como el odio o el apego. Con un análisis correcto nos daremos cuenta de que ni el objeto que deseamos ni el que rechazamos existen por su propio lado; su belleza o fealdad, e incluso su propia existencia, son designadas por la mente. De este modo, descubriremos que no hay razón para sentir odio ni apego.

Debido a nuestros hábitos mentales, producidos por nuestra familiaridad desde tiempo sin principio con la ignorancia del aferramiento propio, todo aparece en nuestra mente como si existiera por su propio lado. Sin embargo, esta apariencia es errónea porque todos los fenómenos son vacíos de existencia inherente y no son más que una mera designación de la mente. Si meditamos sobre esta verdad, podremos eliminar el aferramiento propio, la raíz de todas las perturbaciones mentales y de todas las faltas.

Durante el descanso de la meditación, debemos esforzarnos por reconocer que todo lo que aparece en nuestra mente carece de existencia verdadera. Los objetos que percibimos en sueños parecen reales, pero al despertar nos damos cuenta de que no son más que apariencias mentales, que no existen por su propio lado. Hemos de considerar todos los fenómenos de este modo. Aunque aparecen en nuestra mente con nitidez, carecen de existencia inherente.

Buda Rey del Monte Meru

La iluminación

Para alcanzar la iluminación total, debemos progresar a lo largo de los *cinco caminos mahayanas*:

1. El camino mahayana de la acumulación.
2. El camino mahayana de la preparación.
3. El camino mahayana de la visión.
4. El camino mahayana de la meditación.
5. El camino mahayana de No Más Aprendizaje.

Se denominan *caminos* porque al igual que podemos viajar por los caminos externos con la ayuda de mapas, señales, etcétera, los caminos internos nos conducen a nuestro destino espiritual: la iluminación completa.

Si perseveramos en nuestro adiestramiento en el amor afectivo, la gran compasión y la bodhichita, llegará un momento en que estaremos tan familiarizados con esta última, que la generaremos de manera natural, día y noche. Cuando alcancemos esta realización espontánea, nos convertiremos en un Bodhisatva y entraremos en el primero de los cinco caminos mahayanas: el de la acumulación. En este camino, el Bodhisatva se esfuerza por acumular méritos y sabiduría por medio de la práctica de las seis perfecciones. Durante el descanso de la meditación, se adiestra sobre todo en las cuatro primeras perfecciones para acumular méritos y beneficiar a los demás de manera directa. De las innumerables formas en que el Bodhisatva ayuda a los demás, la más importante es impartiendo el Dharma. Al revelar estas enseñanzas y guiar a los seres sintientes por los caminos espirituales, los ayuda a alcanzar la felicidad pura y duradera. Esto no se puede lograr proporcionando solo ayuda material.

En el camino de la acumulación, el Bodhisatva alcanza una realización especial llamada *concentración del continuo del Dharma*. Con ella, puede recordar todo el Dharma que ha estudiado y comprendido en vidas pasadas y no olvidará el que aprenda a partir de ese momento. También es capaz de percibir de manera directa los Cuerpos Supremos de Emanación de los Budas y recibir enseñanzas de ellos.

Durante la sesión de meditación, el Bodhisatva en el camino de la acumulación hace hincapié en las perfecciones de la concentración y la sabiduría. Su objetivo principal es lograr la unión de la permanencia apacible y la visión superior que observa la vacuidad. La mayoría de los Bodhisatvas en el camino de la acumulación poseen ya un entendimiento de la vacuidad y la realización de la permanencia apacible, puesto que esta última es imprescindible para generar la bodhichita espontánea. Por lo tanto, pueden combinar su comprensión de la vacuidad con la experiencia de la permanencia apacible por medio de repetidas meditaciones analíticas y de emplazamiento sobre la vacuidad. Finalmente, su capacidad de análisis intensificará la estabilidad de su concentración en lugar de interferir en ella. Entonces, la concentración de la permanencia apacible será similar a un lago en reposo, y el análisis de la visión superior, a un pequeño pez que nada sin turbar la superficie del agua. Cuando el Bodhisatva alcanza la unión de la permanencia apacible y la visión superior que observa la vacuidad, entra en el camino de la preparación.

El camino de la preparación se denomina de tal modo porque en este camino, el Bodhisatva se prepara para alcanzar una realización directa de la vacuidad. Durante el descanso de la meditación, el Bodhisatva continúa practicando las perfecciones de la generosidad, disciplina moral, paciencia y esfuerzo para beneficiar a los demás y acumular méritos, y en las sesiones de meditación sigue meditando en la vacuidad. En esta etapa, su meditación en la vacuidad es aún conceptual, es decir, la vacuidad aparece en su mente mezclada con su imagen genérica, por lo que su apariencia es dual. La meta del camino mahayana de la preparación es ir acercando la mente a su objeto, la vacuidad, hasta que finalmente se mezclen por completo, de modo que la imagen genérica desaparezca y las apariencias duales se disuelvan en la vacuidad. Esto se logra meditando una y otra vez en la vacuidad con la unión de la permanencia apacible y la visión superior.

Para eliminar las apariencias duales, el Bodhisatva medita en la vacuidad de la mente y en la de la vacuidad misma. Adiestrándose en estas profundas meditaciones con la sabiduría de la visión superior, consigue eliminar niveles cada vez más sutiles de apariencia dual. Finalmente, incluso la apariencia dual más sutil se disuelve durante la concentración, y la mente y la vacuidad se mezclan, como agua vertida en agua. En ese momento, la mente y su objeto se unen, el Bodhisatva solo percibe la vacuidad y en su mente no aparece ningún otro fenómeno, ni siquiera la mente misma. Entonces, el Bodhisatva se convierte en un Ser Superior y entra en el camino mahayana de la visión.

El camino de la visión recibe este nombre porque al alcanzarlo, el meditador percibe la vacuidad de manera directa, sin la interferencia de una imagen genérica. Gracias a esta realización directa de la verdad última, el Bodhisatva percibe la realidad tal y como es. Puesto que ya no se deja engañar por las apariencias, se convierte en un objeto de refugio, en una joya de la Sangha.

En el camino de la visión, el Bodhisatva abandona las perturbaciones mentales adquiridas intelectualmente, las adquiridas como resultado de aceptar teorías filosóficas erróneas. Esto es así porque desde el momento en que percibe de manera directa la vacuidad, la naturaleza última de los fenómenos, estas perturbaciones mentales no pueden volver a surgir en su mente.

Al mismo tiempo que alcanza el camino mahayana de la visión, el Bodhisatva entra en el primero de los diez planos del Bodhisatva, llamado *muy gozoso*. El practicante en este plano posee numerosas cualidades extraordinarias. Las perturbaciones mentales más intensas, como el odio y los celos, dejan de surgir en su mente y, por mucho que se le provoque, nunca se enfada. En este plano, no sentiría ningún dolor aunque le cortasen el cuerpo en pedazos. Después de realizar de manera directa que tanto él como su cuerpo son vacíos de existencia inherente y no son más que una mera designación de la mente conceptual, si despedazaran su cuerpo sentiría tanto dolor como cuando ve cortar un árbol. El Bodhisatva del primer plano posee también cualidades relacionadas con el número cien. Por ejemplo, este Bodhisatva puede percibir a cien Budas en el instante más breve, cien eones del pasado o del futuro o emanar cien cuerpos al mismo tiempo. Estas cualidades especiales se describen en el libro *Océano de néctar*.

En cada uno de los diez planos, el Bodhisatva logra una experiencia especial de una de las perfecciones. En el primer plano alcanza la realización insuperable de la perfección de la generosidad. Por el beneficio de los seres sintientes, está dispuesto a dar su cuerpo y su propia vida si fuera necesario. En el segundo plano alcanza la realización insuperable de la disciplina moral y no comete ni una sola acción perjudicial, ni siquiera en sueños. En el tercero logra la realización insuperable de la perfección de la paciencia, y en los planos cuarto, quinto y sexto, las del esfuerzo, concentración y sabiduría, respectivamente. En los planos séptimo, octavo, noveno y décimo, el Bodhisatva alcanza las realizaciones insuperables de las perfecciones de la destreza, la oración, el poder y la sabiduría excelsa, que son aspectos de la perfección de la sabiduría.

Aunque el Bodhisatva en el camino de la visión abandona las perturbaciones mentales adquiridas intelectualmente, aún no es capaz de eliminar las innatas. Estas son las perturbaciones mentales que traemos de vidas pasadas y que, a diferencia de las que adquirimos como resultado de aceptar teorías filosóficas erróneas, están muy arraigadas en nuestra mente y son más difíciles de eliminar.

Cuando su meditación en la vacuidad es lo suficientemente poderosa como para destruir el nivel más burdo de las perturbaciones mentales innatas, el Bodhisatva avanza al camino de la meditación. Hay nueve grados de perturbación mental innata, desde el mayor del mayor hasta el menor del menor. El proceso de purificar la mente de los engaños puede compararse con el de lavar ropa sucia. Al empezar a lavar solo desaparecerán las manchas superficiales, y tendremos que dejar la ropa en remojo y restregarla bien para eliminar las más profundas hasta que quede completamente limpia. De igual manera, no podemos purificar la mente de las perturbaciones mentales de inmediato, sino que debemos meditar en la vacuidad una y otra vez, eliminando primero los grados más burdos, y luego, los más sutiles.

En el séptimo plano, el Bodhisatva adquiere una sabiduría con la que puede eliminar las perturbaciones mentales más sutiles, las menores de las menores, y entra en el octavo plano liberado por completo de todas ellas. No obstante, el Bodhisatva todavía debe eliminar las impresiones de las perturbaciones mentales, que permanecen en su mente al igual que el olor a ajo queda en un recipiente donde se han guardado ajos. Como ya se ha mencionado, las impresiones de las perturbaciones mentales son las obstrucciones a la omnisciencia. El Bodhisatva en el octavo plano medita en la vacuidad para eliminar las obstrucciones burdas a la omnisciencia y cuando las ha abandonado por completo, entra en el noveno. En este plano continúa meditando en la vacuidad para eliminar las obstrucciones sutiles a la omnisciencia y cuando lo consigue, entra en el décimo.

Para completar el décimo plano, el Bodhisatva entra en una estabilización meditativa en la vacuidad llamada *concentración semejante al vajra del camino de la meditación,* que actúa como antídoto directo contra las obstrucciones muy sutiles a la omnisciencia. Esta concentración se conoce también como *sabiduría excelsa del continuo final* porque es la última mente de un ser limitado. Al momento siguiente, ha eliminado las obstrucciones muy sutiles a la omnisciencia y las apariencias duales muy sutiles, y se convierte en un Buda Victorioso. De esta manera, alcanza el camino mahayana de No Más Aprendizaje.

Es imposible describir las excelentes cualidades de un Buda. La compasión de un Buda, su sabiduría y poder, están más allá de nuestra comprensión. Sin ninguna mancha que oscurezca su mente, un Buda percibe todos los fenómenos del universo con tanta claridad como vería una joya sobre la palma de su mano. Gracias al poder de su compasión, realiza de manera espontánea cualquier acción que vaya a beneficiar a los demás. No tiene que pensar en cuál es la mejor manera de ayudarlos porque actúa espontáneamente del modo más beneficioso. Al igual que el sol no tiene que esforzarse por irradiar luz y calor porque lo hace de forma natural, un Buda tampoco tiene que poner esfuerzo en beneficiar a los demás porque esa es su naturaleza.

Del mismo modo que el reflejo de la luna aparece en cualquier superficie de agua en reposo, las emanaciones de los Budas surgen allí donde haya seres sintientes que puedan percibirlas. Los Budas pueden adquirir cualquier forma para ayudar a los seres sintientes; en unas ocasiones se manifiestan como practicantes budistas, y en otras, como no budistas. Se pueden manifestar como hombres o mujeres, monarcas o vagabundos, ciudadanos ejemplares o criminales e incluso pueden aparecer como animales, viento o lluvia, montañas e islas. Si no somos un Buda, no podemos saber quién lo es y quién no lo es, o qué objeto es o no una emanación.

De todas las maneras en que un Buda puede ayudar a los seres sintientes, la suprema es manifestándose como un

Guía Espiritual. Con sus enseñanzas y ejemplo inmaculado, un Guía Espiritual auténtico conduce a sus discípulos por los caminos de la liberación y la iluminación. Si encontramos a un Guía Espiritual mahayana cualificado y ponemos en práctica lo que nos enseña, sin lugar a dudas alcanzaremos la iluminación total y nos convertiremos en un Buda Victorioso. Entonces, podremos devolver la bondad de todos los seres sintientes liberándolos de los sufrimientos del samsara y conduciéndolos al gozo supremo de la Budeidad.

Dedicación

He escrito el presente libro, *Introducción al budismo*, con una motivación pura. Que debido a las virtudes que he acumulado al componer esta obra y a todas las demás virtudes, mías y de otros, el Budadharma puro florezca por todo el mundo. Que todos los maternales seres sintientes se liberen de la prisión del samsara lo antes posible y alcancen la felicidad suprema de un Buda Victorioso.

Gueshe Kelsang Gyatso
Manjushri Mahayana
Buddhist Centre

Día de la Iluminación de Buda
Junio de 1992

Apéndice 1

LOS COMPROMISOS DEL REFUGIO

Cuando nos refugiamos en las Tres Joyas, nos comprometemos a guardar doce compromisos especiales. La manera de proteger y fortalecer nuestra práctica de refugio es guardarlos con sinceridad. Estos compromisos constituyen el fundamento de todas las realizaciones de las etapas del camino; por lo tanto, no debemos considerarlos como una carga, sino mantenerlos con sinceridad y alegría.

De los doce compromisos, seis son específicos y seis generales. Los específicos se denominan de esta forma porque están relacionados con cada una de las Tres Joyas en particular: dos compromisos se refieren a Buda, dos al Dharma y dos a la Sangha. En cada caso, uno de los compromisos tiene como finalidad abandonar un cierto tipo de acciones, y el otro, realizar otras. Los restantes seis compromisos son aplicables a las Tres Joyas. Veamos a continuación un breve comentario de estos doce compromisos.

LOS DOS COMPROMISOS ESPECÍFICOS DE BUDA

1. No refugiarse en maestros que contradicen las enseñanzas de Buda o en dioses del samsara. Al refugiarnos en Buda, nos comprometemos a no buscar refugio último en maestros que contradigan la doctrina de Buda o en dioses mundanos. Esto no significa que no podamos recibir ayuda de estos seres, sino que no debemos confiar en ellos con la intención de recibir protección última contra nuestro sufrimiento.

2. Considerar cualquier imagen de Buda como un verdadero Buda. Al refugiarnos en Buda, nos comprometemos a considerar todas las estatuas de Buda como verdaderos seres iluminados. Cada vez que veamos una estatua de Buda, debemos pensar que es un Buda real sin tener en cuenta el material de que esté hecha, ya sea barro u oro. Sin tener en cuenta sus cualidades como objeto de arte, debemos postrarnos ante él, hacerle ofrecimientos y refugiarnos en él. Si practicamos de este modo, acumularemos innumerables méritos.

LOS DOS COMPROMISOS ESPECÍFICOS DEL DHARMA

3. No perjudicar a los demás. Al refugiarnos en el Dharma, nos comprometemos a no dañar a ningún ser. En lugar de tratar mal a los demás, procuramos beneficiarlos con buena motivación. Primero, intentamos eliminar nuestros malos pensamientos contra los seres más cercanos a nosotros, como nuestros amigos y familiares, generando en su lugar un sentimiento de afecto. Cuando lo hayamos conseguido, podemos extender de manera gradual el ámbito de nuestra práctica e ir abarcando a un mayor número de seres, hasta que finalmente los incluyamos a todos. Si podemos abandonar pensamientos perjudiciales en relación con los demás y tener siempre buenas intenciones, cultivaremos con facilidad las mentes de amor y gran compasión. De este modo, nuestra práctica de refugio servirá desde el principio como método para fortalecer nuestra compasión, la esencia del Budadharma.

4. Considerar todas las escrituras de Dharma como la verdadera Joya del Dharma. Al refugiarnos en el Dharma, nos comprometemos a considerar todos sus textos como si fueran la verdadera Joya del Dharma. El Dharma es la fuente de toda felicidad. Puesto que no podemos percibir de manera directa las verdaderas Joyas del Dharma, hemos de considerar los textos sagrados como si lo fueran. Las auténticas Joyas del Dharma se alcanzan como resultado de escuchar enseñanzas sobre las escrituras, contemplar su significado y meditar en él. Hemos de respetar cada palabra de las escrituras y de las enseñanzas de Buda y, en consecuencia, tratar los libros sagrados con sumo cuidado y respeto, evitando pisarlos o colocarlos en el suelo, en otros lugares inadecuados o donde puedan estropearse. Cuando descuidamos o maltratamos estos libros, creamos la causa para ser aún más ignorantes de lo que somos, puesto que esta acción es similar a abandonar el Dharma. En cierta ocasión, el gran maestro tibetano Gueshe Sharaua vio a unas personas jugando con libros de Dharma y les amonestó: «¿Por qué hacéis esto? Si ya sois bastante ignorantes, ¿queréis serlo aún más?».

LOS DOS COMPROMISOS ESPECÍFICOS DE LA SANGHA

5. No dejarse influir por personas que rechazan las enseñanzas de Buda. Al refugiarnos en la Sangha, nos comprometemos a no dejarnos influir por personas que rechazan las enseñanzas de Buda. Esto no significa que tengamos que dejar de relacionarnos con ellas, sino que no debemos dejarnos influir por sus creencias y su forma de actuar. Al mismo tiempo que mantenemos una actitud de amor y consideración hacia estas personas, hemos de estar atentos y no dejarnos llevar por sus malos hábitos y consejos.

6. Considerar a los que visten los hábitos de ordenación monástica como si fueran una verdadera Joya de la Sangha. Al refugiarnos en la Sangha, aceptamos el compromiso de reconocer a toda persona que vista los hábitos de ordenación monástica como una verdadera Joya de la Sangha. Aunque algunos monjes y monjas sean pobres, debemos presentarles nuestros respetos porque están manteniendo disciplina moral y esto es algo muy valioso.

LOS SEIS COMPROMISOS GENERALES

7. Refugiarse en las Tres Joyas una y otra vez recordando sus excelentes cualidades y las diferencias entre ellas. El Dharma es el barco con el que cruzamos el océano del samsara, Buda es el navegante que lo dirige con destreza, y la Sangha, su tripulación. Teniendo esto en cuenta, hemos de refugiarnos una y otra vez en las Tres Joyas supremas.

8. Ofrecer a las Tres Joyas la primera porción de nuestros alimentos mientras recordamos su benevolencia. Puesto que necesitamos comer y beber varias veces al día, si cada vez que lo hacemos ofrecemos la primera porción a las Tres Joyas recordando su benevolencia, incrementaremos considerablemente nuestros méritos. Podemos hacerlo con la siguiente oración:

A ti, Buda Shakyamuni, elevo esta ofrenda,
tu mente es la síntesis de todas las Joyas del Buda,
tu palabra es la síntesis de todas las Joyas del Dharma,
tu cuerpo es la síntesis de todas las Joyas de la Sangha.
¡Oh, Ser Bienaventurado!, acepta esta ofrenda y
bendice mi mente.

OM AH HUM   (x3)

Es importante recordar en todo momento el amor de Buda. Toda nuestra felicidad proviene de su bondad. Las acciones de los Budas están llenas de amor y compasión, y gracias a ellas podemos realizar acciones virtuosas que son la causa de nuestra felicidad futura.

Sin la benevolencia de Buda no conoceríamos cuáles son las causas verdaderas de la felicidad ni las del sufrimiento. Buda nos ha enseñado a reconocer que tanto el sufrimiento como la felicidad dependen de nuestra mente. Nos ha mostrado cómo abandonar los estados mentales que causan dolor y cómo cultivar los que producen satisfacción. En otras palabras, nos ha ofrecido los métodos perfectos para superar el sufrimiento y alcanzar la felicidad. Solo Buda nos ha obsequiado con el tesoro de la dicha suprema. ¡Qué infinita es su bondad!

Nuestra forma humana actual es un ejemplo de su benevolencia. Gracias a las enseñanzas de Buda y a sus bendiciones, en el pasado creamos las causas para renacer como un ser humano con todos los dones y libertades necesarios para la práctica de Dharma. Si ahora hemos encontrado un Guía Espiritual y podemos aprender el Dharma, se debe solo a las bondadosas acciones de Buda. Gracias a que giró la rueda del Dharma en este mundo y mostró con su ejemplo el modo de recorrer el camino espiritual, ahora disponemos de la gran oportunidad de practicar los métodos para lograr realizaciones espirituales y alcanzar la iluminación total. Incluso la escasa sabiduría que poseemos para distinguir lo beneficioso de lo perjudicial, y que nos permite apreciar el valor de las enseñanzas de Buda, es también fruto de su infinita bondad.

No debemos pensar que Buda ayuda solo a sus seguidores, puesto que alcanzó la iluminación para beneficiar a todos los seres sintientes. Se manifiesta bajo diferente formas, incluso como maestros no budistas, con el único fin de beneficiar a los demás. No hay ni un solo ser que no haya recibido sus beneficios.

9. Con compasión, animar siempre a los demás a que se refugien en las Tres Joyas. Debemos ayudar a los demás con tacto y delicadeza a que se refugien en las Tres Joyas. Si conocemos a alguien que esté interesado en el Dharma, hemos de ayudarle a crear las causas de refugio: temor al sufrimiento y fe en las Tres Joyas. Podemos hablarle de la impermanencia, de cómo cambian las circunstancias de la vida y cómo degenera el cuerpo, y de los sufrimientos asociados con las enfermedades, la vejez y la muerte. Podemos explicarle lo que ocurre después de la muerte, los diferentes reinos en que podemos renacer y los tremendos sufrimientos que se padecen en ellos. Si introducimos estos conceptos con cuidado en nuestra conversación, nuestro amigo irá perdiendo su actitud complaciente ante la vida y, cuando se sienta incómodo, generará el deseo de encontrar alguna solución. Luego podemos explicarle quién es Buda, qué es el Dharma y quiénes son la Sangha, y por qué tienen poder para ayudarnos. Después, podemos enseñarle la manera de refugiarse en las Tres Joyas.

Si ayudamos a alguien con habilidad, humildad y paciencia, lo estamos beneficiando de verdad. La ayuda material no siempre es beneficiosa porque en ocasiones produce más sufrimiento. El mejor modo de ayudar a una persona es conducirla por el camino del Dharma. Si no somos capaces de exponer los temas más profundos de las enseñanzas, al menos, podemos consolar al que está triste, darle buenos consejos y ayudarle a resolver sus problemas por medio del Dharma.

10. Refugiarse en las Tres Joyas al menos tres veces por la mañana y tres veces por la noche recordando los beneficios que esto conlleva. Para no olvidar nunca a las Tres Joyas, debemos refugiarnos en ellas cada cuatro horas o, al menos, tres veces por la mañana y tres veces por la noche. Si nunca olvidamos a las Tres Joyas y contemplamos con regularidad los beneficios de la práctica de refugio, alcanzaremos con rapidez las realizaciones espirituales del camino. Con esta práctica deberíamos ser como el hombre de negocios que no olvida sus planes financieros ni siquiera cuando descansa.

11. Realizar cada acción con total confianza en las Tres Joyas. Si confiamos en las Tres Joyas al efectuar cualquier acción, todo lo que hagamos será beneficioso. No tenemos que buscar la inspiración de dioses mundanos, sino intentar, con ofrendas y súplicas, recibir las bendiciones de Buda, del Dharma y de la Sangha.

12. No abandonar a las Tres Joyas aunque la propia vida peligre, ni siquiera en broma. Nunca debemos abandonar a las Tres Joyas porque el refugio en ellas es el fundamento de todas las demás realizaciones de Dharma. En cierta ocasión, un budista en cautividad fue amenazado de muerte si no abandonaba su refugio en Buda. El practicante se negó a hacerlo y, como consecuencia, perdió la vida. A pesar de este infortunio, los clarividentes atestiguaron que gracias a su virtud, había renacido en el reino de los dioses.

Apéndice 2

Oración liberadora
ALABANZA A BUDA SHAKYAMUNI

y

Sutra mahayana de los tres cúmulos superiores

Oración liberadora

¡Oh, Ser Bienaventurado, Shakyamuni Buda!,
precioso tesoro de compasión,
que concedes la paz interior suprema.

Tú, que amas a todos los seres sin excepción,
eres la fuente de toda felicidad y bondad,
y nos guías por el camino liberador.

Tu cuerpo es una gema que colma todos los deseos,
tu palabra, el néctar purificador supremo,
y tu mente, el refugio de todos los seres sintientes.

Con las manos juntas en señal de respeto, a ti me dirijo,
amigo supremo y fiel,
y te suplico desde lo más profundo de mi corazón:

Por favor, concédeme la luz de tu sabiduría
para disipar la oscuridad de mi mente
y sanar mi continuo mental.

Aliméntame con tu bondad
para que pueda ofrecer a los demás
un banquete de continuos deleites.

Gracias a tu compasiva intención,
tus bendiciones y obras virtuosas,
y mi sincero deseo de confiar en ti,

que todo el sufrimiento desaparezca de inmediato,
que disfrutemos de alegría y felicidad,
y el Dharma sagrado florezca sin cesar.

Colofón: Esta oración ha sido compuesta por el venerable
Gueshe Kelsang Gyatso y traducida bajo su compasiva guía.
Se recita normalmente antes de comenzar cualquier sadhana
en los centros de budismo kadampa de todo el mundo.

Sutra mahayana de los
tres cúmulos superiores

INTRODUCCIÓN

Uno de los métodos más poderosos para purificar nuestras faltas y caídas morales es la práctica asociada con el *Sutra mahayana de los tres cúmulos superiores*, también conocido como *Confesión de las caídas morales del Bodhisatva*.

A continuación se expone el texto raíz del sutra seguido de una breve explicación de la práctica. Para una exposición más detallada de esta práctica, véase *El voto del Bodhisatva*.

Sutra mahayana de los tres cúmulos superiores

Namo: Confesión de las caídas morales del Bodhisatva

Mi nombre es . . . , en todo momento me refugio en el Guru, me refugio en Buda, me refugio en el Dharma, me refugio en la Sangha.

Ante el Maestro, el Ser Bienaventurado, el Tathagata, el Destructor del Enemigo, el Buda Totalmente Perfecto, el Glorioso Vencedor Shakyamuni, me postro.

Ante el Tathagata Subyugador Completo con la Esencia del Vajra, me postro.

Ante el Tathagata Gema de Luz Radiante, me postro.

Ante el Tathagata Poderoso Rey de los Nagas, me postro.

Ante el Tathagata Guía de los Héroes, me postro.

Ante el Tathagata Placer Glorioso, me postro.

Ante el Tathagata Gema de Fuego, me postro.

Ante el Tathagata Gema de Luz Lunar, me postro.

Ante el Tathagata Tesoro de Contemplación, me postro.

Ante el Tathagata Gema Lunar, me postro.

Ante el Tathagata Ser Inmaculado, me postro.

Ante el Tathagata Otorgador de Gloria, me postro.

Ante el Tathagata Ser Puro, me postro.

Ante el Tathagata que Transforma con Pureza, me postro.

Ante el Tathagata Deidad del Agua, me postro.

Ante el Tathagata Dios de las Deidades del Agua, me postro.

Ante el Tathagata Excelencia Gloriosa, me postro.

Ante el Tathagata Sándalo Glorioso, me postro.

Ante el Tathagata Esplendor Ilimitado, me postro.

Ante el Tathagata Luz Gloriosa, me postro.

Ante el Tathagata Ser Glorioso sin Dolor, me postro.

Ante el Tathagata Hijo sin Ansia, me postro.

Ante el Tathagata Flor Gloriosa, me postro.

Ante el Tathagata que Conoce con Claridad con el Deleite del Resplandor Puro, me postro.

Ante el Tathagata que Conoce con Claridad con el Deleite del Resplandor del Loto, me postro.

Ante el Tathagata Riqueza Gloriosa, me postro.

Ante el Tathagata Memoria Gloriosa, me postro.

Ante el Tathagata Nombre Glorioso de Gran Fama, me postro.

Ante el Tathagata Rey de la Bandera de la Victoria, Sumo de los Poderosos, me postro.

Ante el Tathagata Ser Glorioso, Subyugador Completo, me postro.

Ante el Tathagata Gran Vencedor en Batalla, me postro.

Ante el Tathagata Ser Glorioso, Subyugador Completo que ha Pasado al Más Allá, me postro.

Ante el Tathagata Gloriosa Gala que lo Ilumina Todo, me postro.

Ante el Tathagata Gema de Loto, Gran Subyugador, me postro.

Ante el Tathagata Destructor del Enemigo, Buda Totalmente Perfecto, Rey del Monte Meru Sentado con Firmeza sobre una Gema y un Loto, me postro.

¡Oh!, vosotros y todos los demás, cuantos Tathagatas, Destructores del Enemigo, Budas Totalmente Perfectos, Seres Bienaventurados haya habitando y morando en los reinos mundanos de las diez direcciones, todos vosotros, los Budas, los Seres Bienaventurados, por favor, escuchadme.

En esta vida y en todas mis vidas desde el sin principio, en todos los lugares en donde he renacido al vagar errante en el samsara, he cometido acciones perjudiciales, he ordenado cometerlas y me he alegrado de que se hubieran cometido. He robado los bienes de las bases de las ofrendas, los bienes de la Sangha y los bienes de las Sanghas de las diez direcciones, he ordenado robarlas y me he alegrado de que se hubieran robado. He cometido las cinco acciones atroces sin límite, he ordenado cometerlas y me he alegrado de que se hubieran cometido. He seguido de lleno los caminos de las diez acciones perjudiciales, he ordenado seguirlos y me he alegrado de que se hubieran seguido.

Ofuscado por tales obstrucciones kármicas me convertiré en un ser infernal o renaceré como un animal o acabaré en la tierra de los espíritus ávidos; o renaceré como un bárbaro en un país irreligioso o como un dios de larga vida; o con los sentidos incompletos, con creencias erróneas o sin la oportunidad de complacer a Buda.

Declaro todas estas obstrucciones kármicas en presencia de los Budas, los Seres Bienaventurados, que se han convertido en la sabiduría excelsa, en los «ojos», en los testigos que son válidos, que ven con su sabiduría. Me confieso sin esconder u ocultar nada y, de ahora en adelante, evitaré tales acciones y me abstendré de cometerlas.

Todos los Budas, los Seres Bienaventurados, por favor,

escuchadme: En esta vida y en todas mis vidas previas desde tiempo sin principio, en todos los lugares donde he renacido al vagar errante en el samsara, cualquier raíz de virtud que pueda haber en mi generosidad hacia los demás, incluso al haber dado unas migajas a alguien que haya renacido como un animal; cualquier raíz de virtud que pueda tener por haber mantenido la disciplina moral; cualquier raíz de virtud que pueda haber en mis acciones conducentes a la gran liberación; cualquier raíz de virtud que pueda haber en mis acciones dedicadas a que los seres sintientes se realicen en plenitud; cualquier raíz de virtud que pueda tener por generar la mente suprema de la iluminación; y cualquier raíz de virtud que pueda haber en mi insuperable sabiduría excelsa; todas ellas acumuladas, recogidas y unidas al dedicarlas por completo al [logro] insuperable, al más elevado, al que es más elevado que el elevado, al que supera al insuperable, las destino para la perfecta e insuperable iluminación completa.

Así como los Budas, los Seres Bienaventurados del pasado, las han dedicado por completo; así como los Budas, los Seres Bienaventurados que están por venir, las dedicarán por completo; y así como los Budas, los Seres Bienaventurados que ahora viven, las dedican por completo, yo también las dedico por completo.

Confieso una por una todas mis acciones perjudiciales. Me regocijo de todos los méritos. Ruego y suplico a todos los Budas. ¡Que pueda alcanzar la sagrada, suprema e insuperable sabiduría excelsa!

Quienes sean los Vencedores, los seres supremos que ahora viven, los del pasado y asimismo los que están por venir, con un océano de alabanzas sin límite por vuestras excelentes cualidades, y con las palmas de las manos juntas me acerco a vosotros en busca de refugio.

Así concluye el sutra mahayana titulado el *Sutra de los tres cúmulos superiores*.

LA PRÁCTICA

Este sutra se titula *Sutra de los tres cúmulos superiores* porque contiene tres «cúmulos» o acumulaciones de virtud: postraciones, purificación y dedicación. En esta práctica visualizamos a los treinta y cinco Budas de la confesión y realizamos la práctica de purificación en su presencia. Por lo general, todos los Budas tienen el poder de proteger a los seres sintientes del sufrimiento y el karma negativo, pero debido a las oraciones y dedicaciones que estos treinta y cinco Budas realizaron cuando todavía eran Bodhisatvas, tienen un vínculo kármico especial con los seres humanos de este mundo. Gracias al poder de sus oraciones y bendiciones podemos purificar con rapidez incluso las acciones perjudiciales más graves con solo recitar con fe los nombres de estos Budas.

Para aumentar nuestro entusiasmo por las prácticas de purificación, así como nuestra fe en los Budas y nuestro respeto por ellos, podemos realizar la siguiente contemplación:

Todos los problemas que he tenido desde tiempo sin principio, así como los que tendré en el futuro, son el resultado de mi karma negativo. Por lo tanto, no hay nada más beneficioso que practicar la purificación con sinceridad.

Los Budas son los testigos perfectos de mi confesión. Gracias a sus bendiciones puedo purificar el karma negativo que he acumulado desde tiempo sin principio. Es solo debido a la bondad de los Budas que tengo la oportunidad de practicar la purificación.

En el espacio ante nosotros visualizamos a Buda Shakyamuni sentado en un trono adornado con joyas y sostenido por ocho elefantes blancos, que simbolizan el poder de la purificación. Delante de Buda están los treinta y cuatro Budas restantes sentados en cinco filas. En la primera, la más cercana a Buda, se encuentran los seis primeros Budas, comenzando por nuestra izquierda y siguiendo hacia la derecha. Delante de ellos, los veintiocho Budas restantes están colocados en cuatro filas de siete, una delante de la otra siendo cada una un poco más baja que la anterior. Todos estos Budas están sentados en tronos adornados con joyas sobre asientos de loto, luna y sol. Alrededor de esta asamblea de treinta y cinco Budas de la Confesión se encuentran todos los Budas y Bodhisatvas de las diez direcciones.

Debemos conocer el nombre de cada Buda, el mundo que preside, el color de su cuerpo, la posición de sus manos, los objetos que sostiene y el karma negativo específico que purificamos al recitar su nombre. Podemos aprender la posición de las manos y los objetos que sostiene cada Buda estudiando las ilustraciones de este libro. Las demás características se pueden encontrar en *El voto del Bodhisatva*.

Enfocamos la mente en la asamblea visualizada de los treinta y cinco Budas reconociendo que son la esencia de la Joya del Buda, la Joya del Dharma y la Joya de la Sangha, y generamos fe profunda en ellos mientras recitamos los primeros versos del sutra. A continuación, con la intensa fe y convicción que generamos en la práctica de refugio, nos postramos físicamente mientras recitamos el nombre de cada Buda como súplica para que purifiquen nuestro karma negativo.

Hay tres maneras de hacer postraciones físicas. Podemos hacer postraciones completas extendiendo todo el cuerpo sobre el suelo, medias postraciones arrodillándonos y tocando el suelo con las palmas de las manos y la frente, o cualquier gesto en señal de respeto, como colocar las dos manos juntas a la altura del corazón.

Podemos hacer una postración a cada Buda mientras recitamos su nombre y luego repetir el ciclo tantas veces como deseemos, o hacer varias postraciones, por ejemplo, siete, veintiuna, cincuenta o cien, al primer Buda mientras recitamos su nombre y luego hacer el mismo número de postraciones al segundo Buda, etcétera. Puesto que si hacemos esto último probablemente no podremos completar todas las postraciones a los treinta y cinco Budas en una sola sesión, podemos continuar en la siguiente donde lo hayamos dejado.

Después de recitar los nombres de los Budas y hacer las postraciones podemos seguir postrándonos o sentarnos para recitar el resto del sutra. Pedimos a los seres sagrados que nos presten atención y sean testigos de nuestra confesión. Reconocemos que en el pasado hemos cometido graves e innumerables acciones perjudiciales, y con gran remordimiento las confesamos en presencia de estos seres. Generamos un profundo arrepentimiento contemplando el futuro que nos espera si no conseguimos purificar estas acciones y, a continuación, practicamos el siguiente método especial para purificarlas. En el corazón visualizamos todos los potenciales de nuestras acciones perjudiciales bajo el aspecto de una sílaba negra PAM. Entonces pensamos que el karma negativo de todos los demás seres sintientes se reúne en forma de humo y se disuelve en la PAM, y pensamos que esta se convierte en la esencia de todas nuestras faltas y las de los demás. Imaginamos que rayos de luz blanca y néctar de sabiduría descienden del corazón de los treinta y cinco Budas y entran en nuestro cuerpo por la coronilla. Cuando llegan a la PAM la destruyen por completo, al igual que la luz disipa la oscuridad en un solo instante. Creemos con convicción que todo el karma negativo que hemos acumulado desde tiempo sin principio ha sido purificado. Los rayos de luz de sabiduría inundan nuestro cuerpo y mente aumentando nuestra longevidad, buena fortuna, poder físico y mental, y realizaciones de Dharma.

Concluimos la purificación con la promesa de evitar las acciones perjudiciales y abstenernos de cometerlas en el futuro. Algunos practicantes pueden prometer abstenerse de cometer cualquier caída moral o acción perjudicial durante el resto de su vida, y con la práctica de la retentiva mental, la recta conducta y la vigilancia mental son capaces de conseguirlo. Si no podemos hacer esta promesa, al principio hemos de prometer abstenernos de cometer acciones perjudiciales, por ejemplo, durante una semana, e ir aumentando este tiempo a un mes, un año, etcétera, hasta que logremos hacerlo durante el resto de nuestra vida. Es importante cumplir las promesas que hagamos a los Budas y a nuestro Guía Espiritual, puesto que las promesas rotas son serios obstáculos para nuestro avance espiritual.

Después de la purificación hacemos la dedicación para que nuestra práctica produzca grandes y poderosos resultados en el futuro. Comenzamos suplicando a los Budas que sean testigos de nuestra dedicación y luego dedicamos todas nuestras virtudes y las de los demás para alcanzar el Cuerpo de la Forma y el Cuerpo de la Verdad de un Buda, y de este modo poder beneficiar a todos los seres sintientes.

Finalizamos la recitación del sutra con una breve oración de confesión, regocijo, ruego a los Budas para que permanezcan junto a nosotros y súplica para que giren la rueda del Dharma. Las virtudes de esta breve oración se dedican para el logro de la sagrada, suprema e insuperable sabiduría excelsa, es decir, la sabiduría omnisciente de un Buda.

Los últimos versos del sutra nos enseñan de manera explícita a refugiarnos en los Budas de los tres tiempos, y de forma implícita a hacerlo en el Dharma y la Sangha. El significado esencial de estos versos es que la práctica de los tres cúmulos superiores –postración, purificación y dedicación– ha de combinarse con el refugio en las Tres Joyas.

La mejor manera de dejar de cometer acciones perjudiciales o incurrir en caídas morales es mantener siempre un buen corazón practicando las veintiuna meditaciones que se presentan en el *Nuevo manual de meditación*; y el mejor método para purificar las acciones perjudiciales y caídas morales que hayamos cometido es practicar el *Sutra mahayana de los tres cúmulos superiores*. Con estas dos prácticas podemos proteger por completo nuestro modo de vida del Bodhisatva.

Glosario de términos

Acumulacion de méritos Cualquier acción virtuosa motivada por la bodhichita y que constituye la causa principal para alcanzar el Cuerpo de la Forma de un Buda. Por ejemplo, hacer ofrendas a los seres sagrados y postrarnos ante ellos con la motivación de bodhichita, y practicar las perfecciones de la generosidad, la disciplina moral y la paciencia. Véase *CUERPOS DE BUDA*.

Acumulación de sabiduría Cualquier acción mental virtuosa motivada por la bodhichita que constituye la causa principal para alcanzar el Cuerpo de la Verdad de un Buda. Por ejemplo, escuchar enseñanzas sobre la vacuidad, contemplarlas y meditar en ellas con la motivación de bodhichita. Véase *CUERPOS DE BUDA*.

Aferramiento propio/Autoaferramiento Mente conceptual que percibe todos los fenómenos como si tuvieran existencia inherente. La mente del aferramiento propio es el origen de todas las demás perturbaciones mentales, como el odio y el apego, y es la causa raíz de todo sufrimiento e insatisfacción. En particular, para hacer referencia a la mente que se aferra al yo con existencia inherente, se ha utilizado el término *autoaferramiento*. Véanse *Corazón de la sabiduría*, *El camino gozoso de buena fortuna* y *Océano de néctar*.

Aires internos Aires de energía interna relacionados con la mente que fluyen por los canales de nuestro cuerpo. Sin ellos, la mente no podría funcionar. Véanse *Caminos y planos tántricos*, *Gran tesoro de méritos* y *La luz clara del gozo*.

Apariencia dual La percepción de un objeto junto con su existencia inherente. Véanse *Corazón de la sabiduría* y *Océano de néctar*.

Apego Factor mental ilusorio que observa un objeto contaminado, lo considera como una causa de felicidad y lo desea. Véanse *Comprensión de la mente* y *El camino gozoso de buena fortuna*.

Autoaferramiento Véase *AFERRAMIENTO PROPIO*.

Bardo Véase *ESTADO INTERMEDIO*.

Bendición Proceso de transformación de la mente de un estado impuro a uno virtuoso, de uno de infelicidad a uno de felicidad, o de uno de debilidad a uno de fortaleza, que se produce como resultado de recibir la inspiración de seres sagrados, como nuestro Guía Espiritual, los Budas o los Bodhisatvas.

Bodhichita Término sánscrito que significa 'mente de la iluminación'. *Bodhi* quiere decir 'iluminación', y *chita*, 'mente'. Puede ser de dos clases: convencional y última. Por lo general, cuando se habla de *bodhichita* se hace referencia a la acepción convencional, la mente primaria motivada por la gran compasión que desea de manera espontánea alcanzar la iluminación por el beneficio de todos los seres sintientes, y puede ser aspirante o comprometida. La bodhichita última es la sabiduría que realiza la vacuidad, la naturaleza última de los fenómenos, de manera directa y está motivada por la bodhichita convencional. Véanse también *BODHICHITA ASPIRANTE* y *BODHICHITA COMPROMETIDA*. Véanse *Compasión universal*, *El camino gozoso de buena fortuna* y *Tesoro de contemplación*.

Bodhichita aspirante El deseo de alcanzar la iluminación por el beneficio de todos los seres sintientes. Véase *BODHICHITA*.

Bodhichita comprometida La que se mantiene con los votos del Bodhisatva. Véase *BODHICHITA*.

Bodhisatva Aquel que ha generado la mente de bodhichita de manera espontánea pero aún no es un Buda. Cuando el practicante genera la bodhichita espontánea, se convierte en un Bodhisatva y entra en el primer camino mahayana, el de la acumulación. El Bodhisatva ordinario es aquel que aún no ha alcanzado una realización directa de la vacuidad, y el Bodhisatva Superior, el que ya la ha logrado. Véanse *El camino gozoso de buena fortuna* y *Tesoro de contemplación*.

Brahma Un dios mundano.

Buda Aquel que ha eliminado por completo todas las perturbaciones mentales, así como las impresiones que dejan grabadas en la mente. Muchos seres se convirtieron en Budas en el pasado y muchos otros lo harán en el futuro. Véase *El camino gozoso de buena fortuna*.

Buda Shakyamuni El cuarto de los mil Budas que aparecerán en nuestro mundo durante este Eón Afortunado. Los tres primeros fueron Krakuchanda, Kanakamuni y Kashyapa. El quinto Buda será Maitreya.

Budadharma Véase *DHARMA*.

Camino espiritual La percepción excelsa mantenida por la renuncia espontánea. Los términos *camino espiritual, plano espiritual, vehículo espiritual* y *percepción excelsa* son sinónimos. Véase *PLANO ESPIRITUAL*. Véanse *Caminos y planos tántricos, Corazón de la sabiduría* y *Océano de néctar*.

Canal central Canal principal situado en el centro del cuerpo en el que se localizan los chakras o ruedas de canales. Véase *La luz clara del gozo*.

Chakra/rueda de canales *Chakra* es una palabra sánscrita que literalmente significa 'rueda de canales'. Es un centro focal del canal central desde donde se ramifican los canales secundarios. La meditación en estos puntos causa que los aires internos penetren en el canal central. Véase *La luz clara del gozo*.

Chenrezig Personificación de la compasión de todos los Budas. En tiempos de Buda Shakyamuni se manifestó como uno de sus discípulos Bodhisatvas.

Clarividencia/poder sobrenatural Habilidades que se adquieren como resultado del dominio de un tipo de concentración especial. Hay cinco clases principales de clarividencia: la visual –habilidad de ver formas sutiles y distantes–, la auditiva –habilidad de oír sonidos sutiles y distantes–, el recordar vidas pasadas, el conocer las mentes de los demás y la clarividencia de los poderes sobrenaturales –habilidad de emanar mentalmente varias formas–. Algunos seres, como los del bardo y algunos humanos y espíritus, poseen clarividencias contaminadas que han obtenido como resultado de su karma, pero, en realidad, no son verdaderas clarividencias.

Concentración semejante al vajra Último momento del camino mahayana de la meditación. Es el antídoto contra las obstrucciones muy sutiles a la omnisciencia. Al momento siguiente, el practicante alcanza el camino mahayana de No Más Aprendizaje o Budeidad.

Confesión Acto de purificación del karma destructivo por medio de los cuatro poderes oponentes –del arrepentimiento, de la dependencia, de la fuerza oponente y de la promesa–. Véase *El voto del Bodhisatva*.

Cuatro nobles verdades Las verdades de los sufrimientos, orígenes, cesaciones y caminos. Se denominan *nobles* porque son los objetos supremos de meditación. Si meditamos en estos cuatro objetos, terminaremos realizando directamente la verdad última y nos convertiremos en un Ser Noble o Superior. También se las conoce como *cuatro verdades de los Seres Superiores*. Véanse *Corazón de la sabiduría* y *El camino gozoso de buena fortuna*.

Cuerpo de Emanación Supremo Cuerpo de Emanación especial en el que se muestran los treinta y dos símbolos y las ochenta marcas ejemplares. Puede ser percibido por los seres ordinarios que poseen un karma muy puro. Véase *CUERPOS DE BUDA*.

Cuerpos de Buda Un Buda posee cuatro cuerpos –el Cuerpo de la Sabiduría de la Verdad, el Cuerpo de Entidad, el Cuerpo de Deleite y el Cuerpo de Emanación–. El primero es la mente omnisciente de un Buda; el segundo es la vacuidad o naturaleza última de su mente; el tercero es su Cuerpo de la Forma en sí, que es muy sutil; y el cuarto está constituido por los Cuerpos burdos de la Forma, que los seres ordinarios pueden ver, y de los que cada Buda manifiesta un número ilimitado. El Cuerpo de la Sabiduría de la Verdad y el Cuerpo de Entidad constituyen el Cuerpo de la Verdad, y el Cuerpo de Deleite y los Cuerpos de Emanación constituyen el Cuerpo de la Forma. Véanse *El camino gozoso de buena fortuna* y *Océano de néctar*.

Demonio/mara *Mara* es una palabra sánscrita. Se refiere a todo aquello que entorpece el logro de la liberación o la iluminación. Hay cuatro clases de maras: las perturbaciones mentales, los agregados contaminados, la muerte y los maras Devaputra. De ellos, solo los últimos son seres sintientes. El mara Devaputra principal es el Ishvara colérico, el dios más elevado del reino del deseo que habita en la Tierra en la que se Controlan las Emanaciones de los Demás. A Buda se lo llama *Vencedor* o *Victorioso* porque ha conquistado los cuatro tipos de maras. Véanse *Corazón de la sabiduría* y *Océano de néctar*.

Destructor del Enemigo *Arhat* en sánscrito. Practicante que al haber abandonado todas las perturbaciones mentales y sus semillas, se ha liberado del samsara. En este contexto, *Enemigo* se refiere a las perturbaciones mentales.

Dharma Todas las enseñanzas de Buda y las realizaciones espirituales que se alcanzan al ponerlas en práctica. Véase *El camino gozoso de buena fortuna*.

Dharmapala Véase *PROTECTOR DEL DHARMA*.

Engaño Véase *PERTURBACIÓN MENTAL*.

Estado intermedio *Bardo* en tibetano. Estado entre la muerte y el renacimiento. Comienza en el momento en que la consciencia abandona el cuerpo y cesa cuando esta entra en el cuerpo de la nueva vida. Véanse *El camino gozoso de buena fortuna* y *La luz clara del gozo.*

Estimación propia Considerarse uno mismo importante y especial. Es el objeto que los Bodhisatvas se esfuerzan especialmente por eliminar. Véanse *Compasión universal, El camino gozoso de buena fortuna* y *Tesoro de contemplación.*

Flexibilidad mental Docilidad de la mente inducida por una concentración virtuosa. Véanse *Comprensión de la mente, El camino gozoso de buena fortuna* y *La luz clara del gozo.*

Gran liberación Gran iluminación o Budeidad.

Gueshe Título concedido por los monasterios kadampas a los eruditos budistas con ciertas cualificaciones.

Gueshe Langri Tangpa (1054-1123) Gran Gueshe kadampa famoso por su realización de cambiarse uno mismo por los demás y autor del pequeño texto *Ocho versos del adiestramiento de la mente.*

Guía Espiritual Maestro que nos guía por el camino espiritual. Véanse *El camino gozoso de buena fortuna, Gran tesoro de méritos* y *Gema del corazón.*

Iluminación Por lo general, la iluminación total de la Budeidad: la naturaleza última de la mente que se ha liberado de las perturbaciones mentales y de sus impresiones. Hay tres grados de iluminación: la menor (la que alcanza un Oyente), la mediana (la del Conquistador Solitario), y la gran iluminación (la de un Buda). La iluminación es una liberación además de una cesación verdadera. Véanse *Caminos y planos tántricos, El camino gozoso de buena fortuna, La luz clara del gozo* y *Océano de néctar.*

Imagen genérica El objeto aparente de una mente conceptual. La mente conceptual confunde la imagen genérica de un objeto con el objeto mismo. Véanse *Comprensión de la mente* y *Corazón de la sabiduría.*

Impresión Poder potencial que las acciones y las perturbaciones mentales dejan grabado en la consciencia mental. Hay dos clases de impresiones: las de las acciones y las de las perturbaciones mentales. Todas las acciones y perturbaciones mentales dejan grabadas sus huellas o impresiones en la mente. Tanto las impresiones de las acciones como las de las perturbaciones mentales pueden ser virtuosas, perjudiciales o neutras. Las impresiones de las perturbaciones mentales son las obstrucciones a la omnisciencia y solo los Budas las han eliminado.

Indra Un dios mundano o *deva* en sánscrito.

Intención Factor mental cuya función es desplazar su mente prima-ria hacia un objeto. Dirige la mente hacia objetos virtuosos, no vir-tuosos o neutros. Todas las acciones físicas, verbales y mentales son iniciadas por el factor mental intención. Véanse *Comprensión de la mente* y *El camino gozoso de buena fortuna*.

Luz clara La mente muy sutil que percibe una apariencia como un espacio claro y vacío. Véanse *Caminos y planos tántricos, Gran tesoro de méritos* y *La luz clara del gozo*.

Mantra Literalmente significa 'protección de la mente'. El mantra protege la mente de apariencias y concepciones ordinarias. Véanse *Caminos y planos tántricos, Esencia del vajrayana* y *Guía del Paraíso de las Dakinis*.

Mantra secreto Término sinónimo de *tantra*. Las enseñanzas del mantra secreto se diferencian de las del sutra en que contienen méto-dos para el adiestramiento de la mente en los que se trae el resultado futuro o Budeidad al camino presente. El mantra secreto es el camino supremo hacia la iluminación total. El término *mantra* indica que contiene instrucciones especiales que Buda reveló para proteger la mente de apariencias y concepciones ordinarias. El practicante de mantra secreto se protege de ellas pensando que su cuerpo, sus dis-frutes y sus acciones son los de un Buda. El término *secreto* indica que los yogas del tantra han de realizarse en privado y que solo los que han recibido una iniciación tántrica pueden practicarlos. Véanse *Caminos y planos tántricos, Esencia del vajrayana, Gran tesoro de méritos, Guía del Paraíso de las Dakinis* y *La luz clara del gozo*.

Mara Véase DEMONIO

Mente conceptual Pensamiento que aprehende su objeto por medio de una imagen genérica. Véase *Comprensión de la mente*.

Mente no conceptual Conocedor cuyo objeto aparece con claridad y sin mezclarse con una imagen genérica. Véase *Comprensión de la mente*.

Naturaleza convencional Véase NATURALEZA ÚLTIMA.

Naturaleza de Buda Mente raíz o primordial de un ser sintiente, además de su naturaleza última. *Linaje de Buda, naturaleza de Buda* y *semilla de Buda* son términos sinónimos. Todos los seres sintientes poseen el linaje de Buda y, por consiguiente, el potencial de alcanzar la Budeidad.

Naturaleza última Todos los fenómenos tienen dos naturalezas: una convencional y otra última. La naturaleza convencional de una mesa, por ejemplo, es la mesa propiamente dicha, su forma, color y demás características. Su naturaleza última es su carencia de existencia inherente. La naturaleza convencional de un fenómeno es una verdad convencional, y su naturaleza última, una verdad última. Véanse *Corazón de la sabiduría* y *Océano de néctar*.

Nueve permanencias mentales Los nueve niveles de concentración que conducen al logro de la permanencia apacible. Estos son: emplazamiento de la mente, emplazamiento continuo, reemplazamiento, emplazamiento cercano, control, pacificación, pacificación completa, convergencia y emplazamiento estabilizado. Véanse *El camino gozoso de buena fortuna*, *La luz clara del gozo* y *Tesoro de contemplación*.

Objeto de negación El que es negado de manera explícita por la mente que realiza un fenómeno negativo.

Percepción mental El conocedor que se genera a partir de su condición dominante particular, un poder mental. Véase *Comprensión de la mente*.

Percepción sensorial Conocedor que se genera a partir de su condición dominante particular, un poder sensorial que posee forma. Véase *Comprensión de la mente*.

Permanencia apacible Concentración dotada de los gozos especiales de las flexibilidades física y mental que se alcanzan después de completar las nueve permanencias mentales. Véanse *El camino gozoso de buena fortuna*, *La luz clara del gozo* y *Tesoro de contemplación*.

Perturbación mental/Engaño Factor mental que surge de la atención inapropiada y cuya función es turbar la mente y descontrolarla. Las perturbaciones mentales principales son tres: el apego, el odio y la ignorancia. De estas surgen todos los demás engaños, como los celos, el orgullo y la duda perturbadora. Véanse *PERTURBACIÓN ADQUIRIDA INTELECTUALMENTE* y *PERTURBACIÓN INNATA*. Véanse *Comprensión de la mente* y *El camino gozoso de buena fortuna*.

Perturbaciones adquiridas intelectualmente Engaños que surgen como resultado de utilizar razonamientos o principios incorrectos. Véanse *Comprensión de la mente* y *El camino gozoso de buena fortuna*.

Perturbaciones innatas Perturbación mental que no es el producto de conjeturas intelectuales, sino que surge de manera espontánea. Véanse *Comprensión de la mente* y *El camino gozoso de buena fortuna*.

Plano espiritual Realización espiritual clara que sirve de base para cultivar numerosas buenas cualidades. La realización clara es la que está mantenida por la motivación espontánea de la renuncia o de la bodhichita. En general, *plano* y *camino* son términos sinónimos. Los diez planos son las realizaciones de los Bodhisatvas Superiores. Estos son: el muy gozoso, inmaculado, luminoso, radiante, difícil de superar, aproximación, más allá, inamovible, buena inteligencia y nube de Dharma. Véanse *Caminos y planos tántricos* y *Océano de néctar*.

Poder sobrenatural Véase CLARIVIDENCIA.

Protector del Dharma/Dharmapala Manifestaciones de un Buda o Bodhisatva cuya función es eliminar los obstáculos de los practicantes puros de Dharma y reunir las condiciones necesarias para su adiestramiento espiritual. En sánscrito se denomina *Dharmapala*. Véase *Gema del corazón*.

Puyha Ceremonia en la que se realizan ofrendas y otras muestras de devoción a los seres sagrados.

Recta conducta Factor mental que, a partir del esfuerzo, estima lo que es virtuoso y protege la mente de las perturbaciones mentales y de lo que es perjudicial. Véanse *Comprensión de la mente*, *El camino gozoso de buena fortuna* y *Tesoro de contemplación*.

Reino de la forma Lugar donde habitan los dioses que poseen forma.

Reino del deseo El que habitan los humanos, animales, espíritus ávidos, seres infernales y los dioses que disfrutan de los cinco objetos de deseo.

Reino inmaterial Lugar donde habitan los dioses que carecen de forma.

Retentiva mental/memoria Factor mental cuya función es no olvidar el objeto realizado por la mente primaria. Véanse *Comprensión de la mente*, *El camino gozoso de buena fortuna*, *La luz clara del gozo* y *Tesoro de contemplación*.

Rey Chakravatin Ser muy afortunado que como resultado de haber acumulado una gran cantidad de méritos, ha renacido como un rey que domina los cuatro continentes o, al menos, uno de ellos. En la actualidad, los reyes Chakravatines no existen en este mundo ni hay nadie que domine por completo nuestro continente, Yhambudipa. Véase *Gran tesoro de méritos*.

Rueda de canales Véase CHAKRA.

Sangha Según la tradición del *vinaya*, una comunidad de al menos cuatro monjes o monjas con la ordenación completa. En general, los practicantes que han recibido una ordenación monástica o los seglares que han recibido los votos del Bodhisatva o los tántricos.

Ser Superior *Arya* en sánscrito. Ser que posee una realización directa de la vacuidad. Hay Seres Superiores hinayanas y mahayanas.

Shantideva (687-763) Gran erudito budista indio y maestro de meditación, autor de la *Guía de las obras del Bodhisatva*. Véase *Tesoro de contemplación*.

Sutra Las enseñanzas de Buda que pueden practicarse sin necesidad de haber recibido una iniciación tántrica. Incluyen las instrucciones que Buda enseñó durante los tres giros de la rueda del Dharma.

Tantra Véase MANTRA SECRETO.

Tiempos de degeneración Período caracterizado por el declive de las actividades espirituales.

Tierra pura Reino puro donde no existe la verdad de los sufrimientos. Existen numerosas tierras puras; por ejemplo, Tushita es la tierra pura de Buda Maitreya, Sukhavati, la de Buda Amitabha, y la Tierra de las Dakinis o *Keajra* en sánscrito, la de Buda Vajrayoguini. Véanse *Gema del corazón* y *Guía del Paraíso de las Dakinis*.

Transferencia de consciencia Práctica para transferir, al morir, la consciencia a una tierra pura. Véanse *Compasión universal* y *Gran tesoro de méritos*.

Vacuidad La carencia de existencia inherente, la naturaleza última de todos los fenómenos. Véanse *Corazón de la sabiduría* y *Océano de néctar*.

Vigilancia mental Factor mental que es una clase de sabiduría que examina las actividades de nuestro cuerpo, palabra y mente, y se da cuenta de si se generan faltas o no.

Visión superior Sabiduría especial que percibe su objeto con claridad y es mantenida por la permanencia apacible y la flexibilidad especial inducida por la investigación. Véase *El camino gozoso de buena fortuna*.

Yhe Tsongkhapa (1357-1419) Emanación de Manyhushri, el Buda de la Sabiduría. Tal y como fue predicho por Buda Shakyamuni, se manifestó como un monje en el Tíbet en el siglo XIV, donde mostró cómo practicar correctamente el Dharma en tiempos de degeneración, gracias a lo cual la doctrina budista recuperó su pureza. Posteriormente, su tradición se conoció como la *tradición ganden* o *gelug*. Véanse *Gema del corazón* y *Gran tesoro de méritos*.

Lecturas recomendadas

GUESHE KELSANG GYATSO

Gueshe Kelsang Gyatso es un gran maestro de meditación e ilustre erudito de la tradición de budismo mahayana fundada por Yhe Tsongkhapa. Desde que llegó al Occidente en 1977, Gueshe Kelsang ha trabajado de manera infatigable para establecer el Budadharma puro por todo el mundo. Durante este tiempo ha impartido extensas enseñanzas sobre las principales escrituras mahayanas. Estas enseñanzas se han publicado en inglés y traducido a numerosas lenguas y constituyen una exposición completa de las prácticas esenciales del sutra y el tantra del budismo mahayana. Es el fundador de numerosos centros de budismo en varios países del mundo.

Títulos disponibles publicados por Editorial Tharpa

Caminos y planos tántricos Cómo entrar en el camino vajrayana, recorrerlo y perfeccionarlo.

Cómo solucionar nuestros problemas humanos Las cuatro nobles verdades.

Compasión universal Soluciones inspiradoras para tiempos difíciles.

Comprensión de la mente Naturaleza y poder de la mente.

Corazón de la sabiduría Las enseñanzas esenciales de Buda acerca de la sabiduría.

El camino gozoso de buena fortuna El sendero budista completo hacia la iluminación.

El voto del Bodhisatva Guía práctica para ayudar a los demás.

Esencia del vajrayana La práctica del tantra del yoga supremo del mandala corporal de Heruka.

Gema del corazón Las prácticas esenciales del budismo kadampa.

Guía del Paraíso de las Dakinis La práctica del tantra del yoga supremo de Vajrayoguini.

Ocho pasos hacia la felicidad El modo budista de amar.
Mahamudra del tantra Néctar de la gema suprema del corazón.
Nuevo manual de meditación Meditaciones para una vida feliz y llena de significado.
Tesoro de contemplación El modo de vida del Bodhisatva.
Transforma tu vida Un viaje gozoso.
Una vida con significado, una muerte gozosa La profunda práctica de la transferencia de conciencia.

Otro libro de Editorial Tharpa:

Guía de las obras del Bodhisatva Cómo disfrutar de una vida altruista y llena de significado. Compuesto por Shantideva, traducido del tibetano al inglés por Neil Elliot bajo la guía de Gueshe Kelsang Gyatso.

En proceso de traducción

Gran tesoro de méritos La manera de confiar en el Guía Espiritual.
La luz clara del gozo Manual de meditación tántrica.
Océano de néctar La verdadera naturaleza de todos los fenómenos.

CATÁLOGO DE SADHANAS

Gueshe Kelsang ha supervisado personalmente la traducción de una colección esencial de *sadhanas* (oraciones y prácticas).

1. *Asamblea de buena fortuna* Práctica del tsog del mandala corporal de Heruka.
2. *Ceremonia de poua* Transferencia de consciencia para los difuntos.
3. *Ceremonia del refugio mahayana* y *Ceremonia del voto del Bodhisatva* Ceremonias rituales para acumular méritos para el beneficio de todos los seres.
4. *Cientos de Deidades de la Tierra Gozosa* El yoga del Guru Yhe Tsongkhapa.
5. *Confesión del Bodhisatva* Práctica de purificación del *Sutra mahayana de los tres cúmulos superiores.*

149

6. *El camino a la tierra pura* Sadhana para el adiestramiento en la transferencia de la consciencia.
7. *El camino de la compasión para el difunto* Sadhana de poua por el beneficio del difunto.
8. *El camino de la compasión para el moribundo* Sadhana de poua por el beneficio del moribundo.
9. *El camino rápido al gran gozo* Sadhana para realizar la autogeneración como Vajrayoguini.
10. *El melodioso tambor que vence en todas las direcciones* El ritual extenso de cumplimiento y renovación de los compromisos con el Protector del Dharma, el gran rey Doryhe Shugden, junto con Mahakala, Kalarupa, Kalindevi y otros Protectores del Dharma.
11. *El modo de vida kadampa* Prácticas esenciales del Lamrim kadam: *Consejos de corazón de Atisha* y *Los tres aspectos principales del camino* de Yhe Tsongkhapa.
12. *El yoga de Avalokiteshvara de mil brazos* Sadhana de autogeneración.
13. *El yoga de Buda Amitayus* Método especial para lograr longevidad e incrementar méritos y sabiduría.
14. *El yoga de la Gran Madre Prajnaparamita* Sadhana de autogeneración.
15. *El yoga de Tara Blanca, el Buda de Larga Vida* Práctica con Tara Blanca, Deidad femenina iluminada para obtener larga vida, sabiduría y buena fortuna.
16. *El yoga de Buda Vajrapani* Sadhana para realizar la autogeneración como Buda Vajrapani.
17. *Esencia de buena fortuna* Oraciones de las seis prácticas preparatorias para la meditación de las etapas del camino hacia la iluminación.
18. *Esencia del vajrayana* Sadhana del mandala corporal de Heruka según el sistema del Mahasidha Ghantapa.
19. *Esencia del vajrayana concisa* Sadhana concisa de la autogeneración del mandala corporal de Heruka.
20. *Gema del corazón* Yoga del Guru Yhe Tsongkhapa en combinación con la sadhana abreviada del Protector Doryhe Shugden.
21. *Gotas de esencia de néctar* Ritual especial de ayuno y práctica de purificación con Buda Avalokiteshvara de once rostros.
22. *Joya preliminar para el retiro del mandala corporal de Heruka*
23. *La fiesta del gran gozo* Sadhana para realizar la autoiniciación de Vajrayoguini.

24. *La gema que colma todos los deseos* Práctica del yoga del Guru Yhe Tsongkhapa en combinación con la sadhana mediana del Protector Doryhe Shugden.
25. *La gran liberación de la Madre* Prácticas preliminares para la meditación del Mahamudra en combinación con la práctica de Vajrayoguini.
26. *La gran liberación del Padre* Prácticas preliminares para la meditación del Mahamudra en combinación con la práctica de Heruka.
27. *La Gran Madre de la Compasión* Sadhana de Arya Tara.
28. *La Gran Madre de la Sabiduría* Método para eliminar obstáculos e interferencias con la recitación del *Sutra de la esencia de la sabiduría* (*Sutra del corazón*).
29. *La joya preliminar* Preliminares concisas para el retiro de Vajrayoguini.
30. *Liberación del dolor* Alabanzas y súplicas a las veintiuna Taras.
31. *Manual para la práctica diaria de los votos del Bodhisatva y los votos tántricos.*
32. *Meditación y recitación del Vajrasatva Solitario* Práctica de purificación.
33. *Ofrenda al Guía Espiritual* Una práctica del tantra del yoga supremo en combinación con el yoga del Guru Yhe Tsongkhapa.
34. *Oración del Buda de la Medicina* Un método para beneficiar a los demás.
35. *Oraciones para meditar* Oraciones concisas como preparativo para la meditación.
36. *Oraciones sinceras* Funeral para cremaciones y entierros.
37. *Poua concisa*
38. *Práctica concisa de Buda Amitayus*
39. *Preliminares para el retiro de Vajrayoguini*
40. *Rey del Dharma* Método para realizar la autogeneración como Yhe Tsongkhapa.
41. *Sadhana de Avalokiteshvara* Oraciones y súplicas al Buda de la Compasión.
42. *Sadhana de Samayavajra*
43. *Sadhana del Buda de la Medicina* Un método para alcanzar las realizaciones del Buda de la Medicina.
44. *Sadhana de la ofrenda de fuego de Vajradaka* Práctica para purificar las faltas e impurezas.
45. *Sadhana de la ofrenda de fuego de Vajrayoguini*

46. *Sadhana de la ofrenda de fuego del mandala corporal de Heruka*
47. *Tesoro de sabiduría* Sadhana del venerable Manyhushri.
48. *El Tantra raíz de Heruka y Vajrayoguini*
49. *Una vida pura* Práctica para recibir y mantener los ocho preceptos mahayanas.
50. *Unión de No Más Aprendizaje* Sadhana de la autoiniciación del mandala corporal de Heruka.
51. *Yoga de la Dakini* Seis sesiones del yoga del Guru Vajrayoguini.
52. *Yoga del Héroe vajra* Práctica esencial concisa de la autogeneración del mandala corporal de Heruka y el yoga conciso de las seis sesiones.

OTRAS PUBLICACIONES

Los votos y compromisos del budismo kadampa

Los libros y sadhanas de Gueshe Kelsang Gyatso pueden adquirirse por medio de:

Editorial Tharpa
Camino Fuente del Perro s/n
29120 Alhaurín el Grande
(Málaga) España
Tel.: 34 + 95 2596808
E-mail: info.es@tharpa.com
Sitio web: http://www.tharpa.com/es/

Editorial Tharpa México
Enrique Rébsamen nº 406
Col. Narvarte Poniente, C.P. 03020
México D.F., México
Tels.: (+52/01) 55 56 39 61 80/86
Email: tharpa@kadampa.org.mx
Sitio web: www.tharpa.com/mx/

Tharpa Publications
47 Sweeney Road
Glen Spey
NY 12737, USA
Tel.: 845-856-5102 o 888-741-3471
Fax: 845-856-2110
Email: info.us@tharpa.com
Sitio web: http://www.tharpa.com/us-es/

Programas de estudio
de budismo kadampa

El budismo *kadampa* es una escuela de budismo *mahayana* fundada por el gran maestro indio Atisha (982-1054). Sus seguidores se conocen con el nombre de *kadampas*. *Ka* significa 'palabra' y se refiere a las enseñanzas de Buda, y *dam*, a las instrucciones especiales del Lamrim, las etapas del camino hacia la iluminación, que Atisha enseñó. Los budistas kadampas integran su conocimiento de todas las enseñanzas de Buda en su práctica del Lamrim, y esta en su vida diaria, y de este modo las utilizan para transformar sus actividades en el camino hacia la iluminación. Los grandes maestros kadampas son famosos no solo por su gran erudición, sino también por su inmensa pureza y sinceridad espiritual.

El linaje de estas enseñanzas, tanto la transmisión oral de sus escrituras como sus bendiciones, fue transmitido de maestro a discípulo, difundiéndose por gran parte del continente asiático, y en las últimas décadas por muchos países del mundo occidental. Las enseñanzas de Buda reciben el nombre de *Dharma*, y se dice que son como una rueda que gira y se traslada de un lugar a otro según las condiciones e inclinaciones kármicas de sus habitantes. La presentación externa del budismo puede cambiar para adaptarse a las diversas culturas y sociedades, pero su verdadera esencia permanece intacta por medio de un linaje ininterrumpido de practicantes realizados.

El budismo kadampa fue introducido en Occidente por el venerable Gueshe Kelsang Gyatso en 1977. Desde entonces, este maestro budista ha trabajado de manera infatigable para difundir este precioso Dharma por todo el mundo, ha impartido enseñanzas, escrito profundos libros y comentarios sobre budismo kadampa y fundado la Nueva Tradición Kadampa – Unión Internacional de Budismo Kadampa (NKT-IKBU), que ya cuenta con más de mil centros y grupos de budismo y meditación por todo el mundo. En cada centro se ofrecen programas de estudio sobre psicología y filosofía budista, instrucciones para la meditación y retiros para practicantes de todos los niveles. En ellos se enseña principalmente cómo integrar las enseñanzas de Buda en la vida diaria, y de esta manera resolver nuestros problemas humanos, aprender a ser felices y ayudar a que todos los seres disfruten de paz y felicidad duraderas.

El budismo kadampa de la NTK-IKBU es una tradición budista independiente que no tiene vinculación política alguna. Es una asociación de centros y practicantes budistas que se inspiran en el ejemplo y guía de los maestros kadampas de antaño y en sus enseñanzas, tal y como las presenta el venerable Gueshe Kelsang.

Hay tres razones por las que debemos estudiar y practicar las enseñanzas de Buda: para desarrollar nuestra sabiduría, para cultivar un buen corazón y para mantener paz mental. Si no nos esforzamos por desarrollar nuestra sabiduría, nunca conoceremos la verdad última, la verdadera naturaleza de la realidad. Aunque deseamos ser felices, ofuscados por la ignorancia cometemos todo tipo de acciones perjudiciales que constituyen la causa principal de nuestro sufrimiento. Si no cultivamos un buen corazón, nuestra motivación egoísta destruirá nuestras buenas relaciones y la armonía con los demás. No encontraremos paz interior ni verdadera felicidad. Sin paz interior, la paz externa es imposible. Sin paz mental no podemos ser felices aunque estemos rodeados de las mejores condiciones externas. En cambio, cuando disfrutamos de paz mental, somos felices aunque las circunstancias que nos rodeen sean adversas. Por lo tanto, es evidente que debemos cultivar estas cualidades para ser felices.

Gueshe Kelsang Gyatso, o *Gueshe-la*, como lo llaman afectuosamente sus estudiantes, ha diseñado tres programas espirituales especiales para el estudio estructurado y la práctica del budismo kadampa adaptados a la sociedad actual: el Programa General (PG), el Programa Fundamental (PF) y el Programa de Formación de Maestros (PFM).

PROGRAMA GENERAL

El **Programa General** ofrece una introducción básica a la visión, meditación y práctica budistas, y es ideal para principiantes. Incluye también enseñanzas y prácticas avanzadas, tanto de sutra como de tantra.

PROGRAMA FUNDAMENTAL

El **Programa Fundamental** va dirigido a aquellos que desean profundizar en su adiestramiento espiritual y consiste en el estudio estructurado de los seis textos siguientes:

1. *El camino gozoso de buena fortuna*, comentario al conocido texto de Lamrim *Etapas del camino hacia la iluminación*, de Atisha.
2. *Compasión universal*, comentario al *Adiestramiento de la mente en siete puntos*, del Bodhisatva Chekaua.
3. *Ocho pasos hacia la felicidad*, comentario al *Adiestramiento de la mente en ocho estrofas*, del Bodhisatva Langri Tangpa.
4. *Corazón de la sabiduría*, comentario al *Sutra del corazón*.
5. *Tesoro de contemplación*, comentario a la *Guía de las obras del Bodhisatva*, del venerable Shantideva.
6. *Comprensión de la mente*, exposición detallada sobre la naturaleza y las funciones de la mente según los textos de los eruditos budistas Dharmakirti y Dignaga.

El estudio de estas obras nos aporta numerosos beneficios, que resumimos a continuación:

1) *El camino gozoso de buena fortuna*: Nos enseña a poner en práctica todas las enseñanzas de Buda, tanto de sutra como de tantra. Si lo estudiamos y practicamos, progresaremos con facilidad y completaremos las etapas del camino hacia la felicidad suprema de la iluminación. Desde un punto de vista práctico, el Lamrim constituye el tronco principal de las enseñanzas de Buda, mientras que sus otras instrucciones son como las ramas.

2) y 3) *Compasión universal* y *Ocho pasos hacia la felicidad*: Estas obras nos enseñan a integrar las enseñanzas de Buda en nuestra vida diaria y a resolver con facilidad nuestros problemas humanos.

4) *Corazón de la sabiduría*: Nos muestra cómo alcanzar la realización de la naturaleza última de la realidad, con la que podemos eliminar la mente ignorante de aferramiento propio, la raíz de todo nuestro sufrimiento.

5) *Tesoro de contemplación*: Con esta preciosa obra aprendemos a transformar nuestras actividades diarias en el camino y modo de vida del Bodhisatva, llenando nuestra vida de significado.

6) *Comprensión de la mente*: En este texto se expone la relación entre nuestra mente y los objetos externos. Si comprendemos que los objetos dependen de la mente subjetiva, podemos cambiar la manera en que los percibimos transformando nuestra mente. Poco a poco adquiriremos la habilidad de controlar nuestra mente y podremos resolver todos nuestros problemas.

El **Programa de Formación de Maestros Budistas** atiende a las necesidades de los que desean convertirse en auténticos maestros de Dharma. En este programa se estudian catorce textos de sutra y de tantra, incluidos los seis mencionados, y además los participantes deben mantener determinadas pautas de comportamiento y modo de vida, y completar varios retiros de meditación.

Todos los centros de budismo kadampa están abiertos al público. Cada año celebramos festivales en diversos países, incluidos dos en Inglaterra, a los que acuden personas de todo el mundo para recibir enseñanzas e iniciaciones y disfrutar de vacaciones espirituales. Puede visitarnos cuando lo desee.

Si desea más información, puede dirigirse a:

Aracena: Centro Budista Avalokiteshvara
C/Monasterio de la Rábida n° 23, bajo B
21200 Aracena (Huelva)
Tel.: +34 633 249020
meditaenaracena@gmail.com
www.meditaenaracena.org

Barcelona: Mahakaruna KMC – Centro de Meditación Kadampa
Masía Ca l'Esteve, Urb. Cal Esteve, 129 B
08253 Sant Salvador de Guardiola (Barcelona)
Tel.: +34 93 4950851 / 93 8358077
info@meditacionenbarcelona.org
www.meditacionenbarcelona.org

Cádiz: Centro Budista Kadampa Lochana
C/Argüelles n° 10
11401 Jerez de la Frontera (Cádiz)
Tel.: +34 95 6348893 / 699 006545
info@meditaenlabahia.org
www.meditaenlabahia.org

Castellón de la Plana: Centro Budista Kadampa Naropa
C/ Ramón y Cajal, 12 bajo
12002 Castellón de la Plana
Tel.: +34 603 516594
info@naropa.org
www.naropa.org

Madrid: Vajrayana KMC – Centro de Meditación Kadampa
C/ La Fábrica n° 8
28220 Majadahonda (Madrid)
Tel.: +34 91 6362091
info@meditaenmadrid.org
www.meditaenmadrid.org

Málaga: Centro de Meditación Kadampa de España
Camino Fuente del Perro s/n
29120 Alhaurín el Grande (Málaga)
Tel.: +34 95 2490918; Fax: +34 95 2490175
info@nkt-kmc-spain.org
web: www.nkt-kmc-spain.org

Mallorca: Centro Budista Kadampa Potala
C/ Quetglas n° 23, esquina C/ Monterrey
07013 Palma de Mallorca
Tel.: +34 663 823303
potala@meditaramallorca.org
www.meditaramallorca.org

Menorca: Centro Budista Dharma Kadam
Apartado de correos 187
07730 Alaior (Menorca)
Tel.: +34 646 841226
centrodharmakadam@gmail.com
www.meditaenmenorca.org

Murcia: Centro Budista Sugata
C/ Compositor Agustín Lara n° 5 bajo
(détras del Hospital Morales Meseguer)
30008 Vista Alegre (Murcia)
Tel.: +34 96 8232984 / 644346845
info@meditacionenmurcia.org
www.meditacionenmurcia.org

Sevilla: Centro Budista Kadampa Mahamudra
C/Almez n° 2
41111 Almensilla (Sevilla)
Tel.: +34 95 5779090
epc@meditaensevilla.org
www.meditaensevilla.org

Tenerife: Centro Budista Kadampa Aryadeva
C/ Heraclio Sánchez nº 23
Edificio Galaxia entrada nº 5, local 21D
38204 La Laguna (S/C de Tenerife)
Tel.: +34 92 2260101 / 656 593 573
meditaentenerife@gmail.com
www.meditaentenerife.org

Valencia: Centro Budista Kadampa Duldzin
C/ Corazón de Jesús nº 13, bajo izq.
46018 Valencia
Tel.: +34 673 602623
info@meditaenvalencia.org
www.meditaenvalencia.org

EN MÉXICO:

Ciudad de México: Centro de Meditación Kadampa de México A.R.
Enrique Rébsamen nº 406
Col. Narvarte Poniente, C.P. 03020
México D.F., México
Tels.: (+52/01) 55 56 39 61 80/86
info@kadampamexico.org
www.kadampamexico.org

Mérida, Yucatán: Centro Budista Kadampa Compasión
Calle 13 #162 A
Mérida, C.P. 97120
Tel.: +52 999 927 18 75
kadampamerida@gmail.com
www.meditarenmerida.org

Querétaro, Querétaro: Centro Budista Kadampa Sukhavati
Chopo 10, Col. Álamos, 2a. secc.
Querétaro, Querétaro. C.P. 76160
Tel.: (+52/01) 442 214 13 38
info@meditacionkadampaenqueretaro.org
www.meditacionkadampaenqueretaro.org

San Cristóbal de las Casas: Centro Budista Drolma
María Adelina Flores 24a
Col. Centro
San Cristóbal de Las Casas, C.P. 029200
Chiapas, México
Tel.: (+52/01) 967 631 6052
drolmaepc@meditaensancristobal.org
web: www.meditaensancristobal.org

Tuxtla Gutiérrez, Chiapas: Centro Budista Kadampa Menlha
9a Poniente Sur, No. 724 (entre 6a y 7a Sur)
Barrio Las Canoitas
Tuxtla Gutiérrez, Chiapas, C.P. 29000
Tel.: (+52/01) 96 16 00 00 89
contacto@meditaentuxtla.org
www.meditaentuxtla.org

EN ARGENTINA:

Buenos Aires: Centro de Budismo Kadampa
Serrano 1316, Palermo
Buenos Aires C.P. C1414DFB
Tel.:+54 (11) 4588-3962 / (15) 6149-5976
libros@meditarenargentina.org
www.meditarenargentina.org

EN CHILE

Santiago de Chile: Centro Budista Chenrezig
C/ Capellán Abarzúa n° 36, piso 2
Providencia,
Santiago
Tel.: (+56/2) 735 7551
info@meditacionenchile.cl
www.meditacionenchile.cl

EN EL REINO UNIDO:

Oficina de la NKT en el Reino Unido
Manjushri Kadampa Meditation Centre
Conishead Priory
Ulverston, Cumbria LA12 9QQ, Inglaterra
Tel.: +44 (0) 1229 584029
Fax: +44 (0) 1229 580080
Email: info@kadampa.org
Sitio web: www.kadampa.org

EN LOS ESTADOS UNIDOS:

Oficina de la NKT en los Estados Unidos
Kadampa Meditation Center New York
47 Sweeney Road
Glen Spey,
NY 12737, Estados Unidos de América
Tel.: +1 845-856-9000
Fax: +1 845-856-2110
Email: info@kadampanewyork.org
Sitio web: www.kadampanewyork.org

Oficinas de Tharpa en todo el mundo

Los libros de Tharpa se publican en español, alemán, chino, francés, inglés británico y estadounidense, italiano, japonés y portugués. En las oficinas de Tharpa podrá encontrar libros en la mayoría de estas lenguas.

Oficina en España
Editorial Tharpa España
Camino Fuente del Perro s/n
29120 Alhaurín el Grande (Málaga), España
Tel.: +34 952 596808
Fax: +34 952 490175
Email: info.es@tharpa.com
Sitio web: www.tharpa.com/es/

Oficina en Australia
Tharpa Publications Australia
PO Box 63
Monbulk, Vic 3793, Australia
Tel: +61 (3) 9752-0377
Email: info.au@tharpa.com
Sitio web: www.tharpa.com/au/

Oficina en Brasil
Editorial Tharpa Brasil
Fradique Coutinho 710
Vila Madalena 05416-011
Sao Paulo - SP, Brasil
Tel/Fax: +55 (11) 3812 7509
Email: info.br@tharpa.com
Sitio web: www.budismo.org.br

Oficina en Canadá
Tharpa Publications Canada
631 Crawford St,
Toronto, ON, M6G 3K1, Cánada
Tel: +1 905 274-1842
Toll-free: 866-523-2672
Fax: +1 905-274-1714
Email: info.ca@tharpa.com
Sitio web: www.tharpa.com/ca/

Oficina en los Estados Unidos de América
Tharpa Publications USA
47 Sweeney Rd.
Glen Spey, NY 12737, Estados Unidos de América
Tel: +1 845-856-5102
Toll-free: 888-741-3475
Fax: +1 845-856-2110
Email: info.us@tharpa.com
Sitio web: www.tharpa.com/us/

Oficina en Francia
Editions Tharpa
Château de Segrais
72220 Saint-Mars-d'Outillé, Francia
Tél : +33 (0)2 43 87 71 02
Fax : +33 (0)2 76 01 34 10
Email: info.fr@tharpa.com
Sitio web: www.tharpa.com/fr/

Oficina en Hong Kong
Tharpa Asia
Flat H, 4th Floor, Bo Wah Mansion 54 Queen's Road
East Wanchai, Hong Kong
Tel: +852 25205137
Fax: +852 25072208
Email: info.hk@tharpa.com
Sitio web: www.tharpa.com/hk-cht/

Oficina en México
Tharpa Publicaciones México
Enrique Rébsamen no. 406
Col. Narvarte México, D.F.
C.P. 03020
Tel: +52(55)56396180
Email: info.mx@tharpa.com
Sitio web: www.tharpa.com/mx/

Oficina en el Reino Unido
Tharpa Publications UK
Conishead Priory
Ulverston
Cumbria, LA12 9QQ, Inglaterra
Tel: +44 (0)1229-588599
Fax: +44 (0)1229-483919
Email: info.uk@tharpa.com
Sitio web: www.tharpa.com/uk/

Oficina en Suiza
Tharpa Verlag
Mirabellenstrasse 1
8048 Zurich, Suiza
Tel: +41 44 401 02 20
Fax: +41 44 461 36 88
Email: info.ch@tharpa.com
Sitio web: http://www.tharpa.com/ch/

Índice analítico

La letra g indica que el término aparece en el glosario

Esta obra se terminó de imprimir el 30 de octubre de 2013
en los talleres de Litográfica Ingramex, S.A. de C.V.
Centeno 162, Col. Granjas Esmeralda, Del. Iztapalapa
México, D.F.
Se imprimieron 5,000 ejemplares